台湾のアイデンティティ

「中国」との相克の戦後史

家永真幸

文春新書

1434

台湾のアイデンティティ　「中国」との相克の戦後史◎目次

はじめに

台湾への親近感は、近年の日本において、かつてなく高まっている。筆者の勤務する大学で、初めて台湾について学ぶ学生さんたちを相手に「台湾のイメージ」を聞くと、おしなべてポジティブな答えが返ってくる。観光地や食べ物の魅力、同性婚を合法化（二〇一九年）した開明性などに加えて、「台湾は親日的」というのもよく挙がるキーワードである。

このような雰囲気は、おそらく筆者の教室に限定されるものではない。中央調査社が実施する世論調査「台湾に対する意識調査」の報告書（二〇二一年一二月）によれば、日本人で台湾に「親しみを感じる」と答える人の割合は実に75・9％にのぼる。その理由の第一位は「台湾人が親切、友好的」（77・1％）であり、第二位は「歴史的に交流が長い」（45・7％）、第三位は「経済的な結びつきが強い」（34・9％）と続く。

ある程度の年齢の方ならば、二〇一一年三月一一日に東日本大震災が発生した折、台湾から二〇〇億円もの義援金が寄せられたことも印象に残っているだろう。この世論調査では、台湾に親しみを感じる理由の第四位が「東日本大震災時に支援を行ったから」（34・4％）となっている。

一八年から一九年頃にかけては、日本でタピオカミルクティーが大ブームとなった。今では一時期ほど店舗を見かけなくなったが、それに代わって最近は「台湾カステラ」や「台湾フライドチキン」といった商品を目にすることが増えているように思う。さらには、

大勢の人で賑わう台北の夜市（著者提供）

日本発祥の、「名古屋めし」の一種とされる「台湾ラーメン」や「台湾まぜそば」といった食べ物がコンビニの棚にまで進出しており、もはや日本社会の台湾愛は止まらない状態にある。

　日本社会の台湾への関心は、食べ物だけにとどまらない。二〇年前半に新型コロナウイルス感染症が世界的に急拡大した局面では、政府が市民の行動を制限する強権を発動しながらも、丁寧に説明責任を果たすという台湾の防疫政策が、日本のメディアでも高く評価された。デジタル担当の政務委員（無任所大臣）だったオードリー・タン（唐鳳、一九八一ー）がマスク供給システムを迅速に構築したことも、

大いに報じられた。

このほか、日本の高校生の海外修学旅行・海外研修先は、台湾が一四年度にオーストラリアを抜いて一位となった。近年は新型コロナウイルス感染症の影響で停滞状態にあったとはいえ、一九年度の時点で、その規模は四六九校、五万六〇〇〇人に達していた（全国修学旅行研究協会「２０１９（平成31・令和元）年度 全国公私立高等学校海外修学旅行・海外研修（修学旅行外）実施状況調査報告」）。二二年には、京都橘高校吹奏楽部が招待を受けて台湾を訪問し、中華民国の双十国慶節（建国記念日）にあたる一〇月一〇日、祝賀式典にて演奏を行い話題となった。

2023年10月10日の台湾の双十国慶節（建国記念日）では東京農大二高の吹奏楽部がマーチングを披露した ©共同通信

このように、日本と台湾の間では、とりわけ若い世代で、人と人との血の通った交流が大きく拡大している。これは心から歓迎すべきことである。

蔡英文　©AFP＝時事

台湾の親日は「反中の裏返し」ではない

一方、中国はとんでもない国である。その中国と、台湾は対立している。だから、日本は台湾との関係を大事にして、中国に対抗しなければいけない。今の日本社会には、このような観点から台湾への関心を高めている側面はないだろうか。

たしかに、近年の台湾政府は「中国に併呑されないこと」を重要な政治課題としている。台湾の有権者も、そのような政府の姿勢を強く支持しているように見える。筆者は一九年一二月、世界がコロナの拡大で長い混乱に突入する直前の時期、ちょうど翌月に控えた台湾総統選挙の選挙戦を現地で見物する機会を得た。この選挙において、民主進歩党（以下、民進党）の蔡英文（一九五六―）候補の陣営は、台湾から中国の影響力をいかに排除するかという論点を前面に押し出し、有権者に支持を訴えていた。結果的に蔡はこの選挙に圧勝して再選され、二四年五月までの四年間の任期を獲得するので、その訴えは民意に支持されたと言ってよいだろう。

しかし、「中国の敵」という側面にばかり注目して台湾を評価しようとすると、おそらく台湾イメージは大きく歪んでしまう。前述の二〇年一月の選挙で蔡英文は得票率57％にあたる八二〇万票を獲得しているが、次点で敗れた中国国民党（以下、国民党）の韓国瑜（一九五七－）候補も得票率38％の五五〇万票を獲得している。国民党は今でこそ対中融和政策を掲げる政党なので、その意味で「親中派」が負けたことには違いない。しかし、同党は中国大陸の中国共産党とかつて内戦を戦ってきた「反共」政党でもある。台湾の有権者が国民党に投じた五五〇万票が、いずれも共産党を支持する意味で投じられたとは考えにくい。

　この一例だけとってみても、台湾と中国の関係は「敵か味方か」といった単純な構図で理解できるものではない。台湾から見た中国との「距離感」はこれまでの歴史のなかで時代によって大きく揺れ動いてきた。本書では、この距離感について論じてみたい。

　台湾の「反中」はきわめて複雑な歴史的背景の上に成り立っている。それを万一「親日の裏返し」などと単純化してしまうことがあっては、台湾の人たちに対して大変失礼である。また、せっかく日本社会で高まっている台湾への親近感や敬意が、「反中の裏返し」などというつまらないストーリーの中に落とし込まれてしまっては、非常にもったいない。

　もちろん、「中国との距離感」ばかりに注目して台湾を評価するのも、台湾イメージを大きく歪める行為になりかねない。しかし、近年の国際社会では米中対立が深刻化の一途をたどり、台湾海峡をめぐる緊張はにわかに高まっているため、「敵か味方か」という観点で台湾に注目することには大きな意味が生じている。そんな今こそ、そうではない視角からの台湾論も提供できれば、日本社会のよりいっそうの台湾理解に貢献できるのではないか。これが本書執筆の動機であり、狙いである。

台湾にとって「中国」とは何なのか

台湾の中国との距離感について考えることは、「台湾は国なのか」という問いにも直結している。

台湾には台湾という国がある。私たちの多くは普段、特に疑うことなくそう思って暮らしているのではないか。海外旅行を計画するときには「台湾旅行」と「中国旅行」を区別するし、ニュースでは「台湾の蔡英文総統」という言葉が普通に使われる。北京の中華人民共和国政府は台湾を自国の一部だと強く主張しているが、実際にその統治が及んでいるわけではない。

たしかに、現在の台湾は他の国と遜色ない統治機構を備え、非常に安定した秩序を保っている。しかし、日本やアメリカをはじめ国際社会の多くの国々は、台湾を独立した一つの国家と認めていない。加えて、台湾を統治している政府が自称している国号は、実際には「台湾」ではなく「中華民国」である。

2005年の愛知万博に国家として参加できない台湾は中華料理店「イラ・フォルモサ」を出店した（著者提供）

現在の台湾が一つの国のように見えるのは、戦前は中国大陸にあった中華民国という国が、戦後になって台湾を中心とする島々しか統治しない状態に陥った後、民主化を進めてその身の丈に合った形へと政治体制を転換させた結果なのである。

中華民国とは、国際社会の多くの国がかつて「中国」と見なしてきた国家にほかならない。日本政府もその例に漏れず、中華人民共和国と国交正常化を果たす一九七二年まで、台湾の中華民国と国交を有していた。現在の台湾は、中華人民共和国による併呑を拒んでいるという意味では明らかに「中国ではない」存在であり、中国大陸と切り離された住民による民主的な政治が行われているという意味でも「中国ではない」存在だ。しかし、いまだに中華民国憲法を維持し、中華民国という国号を冠しているという意味では「中国そのもの」としての側面も残している。また、政治的には長らく分断されているとはいえ、台湾の住民の多くは中国大陸からの移民の子孫であり、台湾は今なお中国大陸とさまざまな面で文化を共有している。

本書の構成

かくも複雑に入り組んだ台湾と「中国」との関係を解きほぐすことは容易でなく、本書もその任務を全うできる自信はない。しかし、せめてその糸口のいくつかを示すべく、本書は日本とも関わりの深い話題を主に取り上げながら、以下の構成で話を進めたい。

第一章「多様性を尊重する台湾」では、台湾の自然環境や経済状況をごく大まかに確認したうえで、今日の台湾に住む人びとの民族構成が歴史的にどのように形成されてきたのかをたどる。近年の台湾では、社会の多様性や少数者の権利を尊重する思想が広く共有されており、そのことは日本社会の台湾に対する好印象にもつながっているように見受けられる。では、台湾でなぜそのような考えが重視されているのか、第二次世界大戦後の台湾政治の動きも踏まえて検討したい。

第二章「一党支配下の政治的抑圧」では、第二次世界大戦後、一九五〇年代から六〇年代を通じて、蔣介石（一八八七‐一九七五）を指導者とする中華民国の国民党政権が、台湾内外の反体制的な政治運動をいかに厳しく弾圧してきたのかを確認する。今日の台湾で行われている民主的な政治は、実は多くの人びとの犠牲の上に成り立っているということを理解するためである。そのうえで、二〇一七年に発売されたパソコンゲーム『返校』が巻き起こした社会現象の分析を通じて、今日の台湾がどのような社会を理想として目指しているのかを考察したい。

第三章「人権問題の争点化」では、一九六〇年代末から一九七〇年代初頭にかけ、台湾で行われている抑圧的な政治に、日本がどのように関与していたのかを確認する。当時の日本国内には蔣介石政権の統治に反発する台湾出身者も在留していたが、そのなかには、中国とは別の独立した国家を台湾に建設することを目指した「台湾独立派」の人びとや、台湾が中華人民共和国と統一される未来を望んだ「親人民共和国派」の人びともいた。それを踏まえ、日本における台湾に対する関心は、どのような社会情勢を背景にして高まっていったのか検討したい。

第四章「大陸中国との交流拡大と民主化」では、一九七〇年代から二〇〇〇年代半ばにかけての、台湾をめぐる国際情勢および台湾内部の政治変動について論じる。七〇年代にアメリカ政府が対中接近政策をとり、七九年に両国が国交を樹立すると、共産党の対台湾政策も大きく変化した。国際情勢の転換を背景に、台湾では政治の民主化をはじめ多方面にわたる変革が進展し、二〇〇〇年代には民進党と国民党が政権を争う構図が生まれる。その新たな政治情勢はどのような経緯をたどって形成されたものなのか、時系列に沿って確認したい。

第五章「アイデンティティをめぐる摩擦」では、二〇〇〇年代後半以降の台湾政治の推移を見る。一九七〇年代以来の政治変動にともない、二〇〇〇年代半ばには共産党と内戦を戦っていたはずの国民党が共産党との融和路線を打ち出すという「ねじれ」が発生するにいたった。一方、選挙による競争が定着した台湾において、国民党は有権者の「台湾」という土地への愛着や、「台湾人」としてのアイデンティティにも常に配慮する必要がある。そのような状況下、台湾にとって「私たちの歴史」はどのようなものであり、そのなかで「中国」および「日本」という要素をどう位置づけるかは、とりわけ論争的な問題となってきた。歴史問題を含め、近年の台湾におけるアイデンティティをめぐる複雑な様相について、いくつかの事例から見ていきたい。

最後に「おわりに」では、台湾をめぐる近年の動向について簡単に確認したうえで、本書の議論を総括し、今後の台湾を見ていくうえで筆者が重要だと考える論点について整理したい。

第一章　多様性を尊重する台湾

台湾研究者の若林正丈は、台湾を理解するための方法として、「台湾はどこにあるか」および「台湾とは何であるか」という二つの視点に注目するとよいと提案している（『朝日新聞』二〇二三年四月二二日）。前者はすなわち、台湾は東アジアにおける地政学的に重要な場所として、大国間の争奪の対象となってきたという視点である。後者は、台湾に住む人びとが、台湾人としての意識および、台湾を一つの政治的な主体とする認識を強めてきたという視点である。

両者は互いに無関係ではなく、前者の大国による台湾支配という要素は、住民の「台湾とは何であるか」をめぐる考え方に大きな影響を与えてきた。また、近年では後者の台湾の主体性という要素が、米中対立という大国間の争いを左右する重要なポイントになっている。

本章では、この二つの視点に留意しつつ、まずは一般的なデータ等によって示される台湾の概況を確認したい。つづけて、そのような地域としての台湾がこれまでの歴史のなかでどのような経緯で形づくられてきたのか、大まかに振り返ってみたい。

台湾の概況

まずは台湾の地理的位置から確認しておこう。台湾は東シナ海に浮かぶ縦長の形をした島である。フィリピンのちょうど北、中国大陸の福建省から東に約一三〇キロメートル、日本の最西端の与那国島からは西に約一一〇キロメートル離れたところに位置する。面積は約三万六〇〇〇平方キロメートルで、日本の九州を少し小さくしたくらいのサイズである。

島は北回帰線を挟んで北部が亜熱帯、南部は熱帯に属する。一年を通じておおむね温暖、雨量は多く、雪は高山でわずかに見られる。火山島であることから時に大きな地震が起こり、七月から九月頃にかけてはしばしば台風の通り道となる。自然の脅威については、日本社会と台湾社会で感覚を共有している部分も大きいと言えるだろう。

日本でよく知られる台湾出身者としては、筆者の世代では一九九〇年代に日本のテレビで大活躍したビビアン・スー（徐若瑄）がいる。もう少し下の世代では、韓国のアイドルグループＴＷＩＣＥ（二〇一五年結成）のメンバーであるツウィ（周子瑜）が有名のようだ。上の世代では、一九八〇年代にアジア全域で人気を博した歌手のテレサ・テン（鄧麗君）を思い浮かべる方が多いかもしれない。さらに上の世代では、カップヌードルで知られる日清食品の創業者である安藤百福が日本統治時代の台湾出身者である。

次に経済面も確認しておこう。台湾の通貨は「ニュー台湾ドル」である。略称として「NTD」や「元」といった表記が用いられることも多い。二〇二三年九月現在、一ニュー台湾ドルは四・六円前後の為替レートで推移している。チェーン店のタピオカミルクティーは四〇元、駅の弁当は一〇〇元程度で買えるため、円安が進んでいるとはいえ、飲食物についてはおおむね日本よりも安い値段で美味しいものを楽しめるというのが、一般的な旅行者の皮膚感覚だろう。

台湾全体の経済状況に目を移せば、名目GDPは二一年度の数字で約七七六〇億米ドル(IMF World Economic Outlook Databases)で、大雑把に言って中国の二三分の一、日本の六分の一、韓国の四割程度の経済規模を有している。一人当たり名目GDPは約三万三〇〇〇米ドルで、中国の約三倍、日本や韓国とはほとんど変わらない。物価の違いなどを加味するために「購買力平価」で計算した一人当たりGDPを見ると、台湾は約五万七〇〇〇米ドルで、日本の約四万一〇〇〇米ドルや韓国の約四万四〇〇〇米ドルを大きく上回っている(中国は約一万八〇〇〇米ドル)。この項目は〇九年以降、台湾が日本を追い越して常に上回っている。この数値だけを見る限り、台湾の生活水準は日本よりも高い、あるいは台湾は日本よりも暮らしやすい土地だとの評価もある。

台湾の人口構成

台湾の人口は約二三〇〇万人で、島北部に位置する中心都市である台北市は約二五〇万人、その周囲を取り囲む行政区画である新北市は約四〇〇万人の人口を擁する。そのほか人口規模の大きい都市には中部の台中市（約二八〇万人）や、南部の高雄市（約二七〇万人）がある。

今日の台湾は、人びとの使用する言語や、エスニック・グループの構成がきわめて多様で、複雑な状況にある。これは台湾社会が長い歴史のなかで、繰り返す移民の波によって形づくられてきたことによる。そのようななか、台湾ではとりわけ一九九〇年代以降、多民族、多言語の共存が目指されてきた。このことは、「台湾とは何であるのか」という問題、言い換えるならば、台湾がどのようにして台湾として一つのまとまりを生み出し、それを将来的にどう維持していくのかという問題とも大きくかかわっている。

今日の台湾では、社会の調和を促進するため、特定のエスニック・グループの言語や文化を強調しない政策がとられている。たとえば、二〇一九年に施行された「国家言語発展法」という法律は、「国家の多元文化の精神を尊重し、国家言語の継承、復興、発展を促進する」ことを目的として制定された。同法において、「国家言語」とは「台湾における各固有のエスニック・グループが使用する自然言語および台湾手話」と規定されており、エスニック・グループそれぞれの言語の名称はあえて明記されていない。

なぜ今日の台湾ではこのように多様な文化を尊重する政策がとられているのか。その理由は、かつての台湾ではその時どきの権力者によって特定の言語や文化への同化を強要する政策がとられてきたことと大きくかかわる。しかし、その話をする前に、今日の台湾がどのようなエスニック・グループから構成されているのかを確認しておきたい。

台湾の住民構成は一九九〇年代以来、「四大族群」という考え方で説明されることが多かった。台湾社会は原住民、ホーロー（福佬）人、客家《ハッカ》人、外省人という四つのエスニック・グループによって構成されるという考え方である。このうちホーロー人と客家人を合わせて本省人と呼び、外省人との区別を強調する場合もある。外省人とは四五年以降に中国大陸から台湾に移入した人びと、本省人は四五年以前から台湾に定着していた漢人、原住民は中国大陸から漢人が大量移入する前から台湾に定着していた先住民族を指す。

ただし、台湾の多文化社会の「多」を前述の「四」という数字で捉える枠組みは、今ではすでに古いものとなっている。原住民と一括りにされる人びとの間に存在する多様な文化を見えなくしてしまうことをはじめ、今日では通婚が進み境界線を引く意味が薄らいでいること、東南アジア出身者をはじめとする新たに迎えた移民を考慮に入れていないことなどの問題があるためである。

しかし、台湾社会が形成されるプロセスの特徴を知り、今日の台湾がどのような摩擦を克服しようと努力しているのかを理解するための最初の手がかりとして、「四大族群」の分類法は今なお参考になる。そこで、以下ではこの四つのエスニック・グループがいつ、どのように台湾に定着したのかという観点から、台湾の歴史をごく大まかに素描してみたい。主な参考資料としては、日本語で読める平易な通史である周婉窈『増補版 図説 台湾の歴史』および薛化元編『詳説 台湾の歴史』を用いる。

先史時代と原住民

考古学の研究成果によれば、台湾では約五万年前には人間の生活が営まれていたことが分かっている。打製石器や採集・狩猟生活などを特徴とする、旧石器時代に属するものとして、台湾東部の長浜文化や西北部の網形文化が知られている。これら文化とのつながりは不明ながら、約六〇〇〇年前から二〇〇〇年前にかけての時期になると、磨製石器や農耕などを特徴とする新石器時代の遺跡が台湾各地で確認されている。その後、台湾の先史時代は約一八〇〇年前には金属器時代に入ったとされ、たとえば北部の十三行遺跡は人びとが製鉄技術を有していたことや、活発な商業活動を行っていたことを示している。

蔡英文台湾総統の就任式の先住民パイワン族の合唱団（2016年５月20日）　©AFP＝時事

　この金属器文化の担い手は、今日の原住民の祖先であると考えられている。台湾の原住民は言語学的にはオーストロネシア語族に分類される。しかし、今日では原住民と総称されている各民族集団は、決して一括りにできるような生活を営んでいたわけではなく、台湾に定着した時期も大きく異なれば、相互の往来や外界との接触の状況も千差万別であった。

　台湾の原住民は、今日の政府が認定したもので一六族に分かれている。二〇二三年三月のデータによれば、台湾の人口の96・4％は中国大陸にルーツを持つ「漢人」で占められているのに対し、原住民族の割合は2・5％、一六族あわせて五八万人程度である。その半数近くにあたる約二八万人が都市部で暮らす。一六族の人口規模はまちまちで、東部の平原を中心に分布するアミ族は二〇万人を超え最大規模を誇るのに対し、南部の山地に分布するカナカナブ族は一四年に新たに認定された原住民族で、その人口は一六族のうち最小の四〇〇人程度である。なお、中国語では「先住民」という語が「すでに滅びた」という意味を帯びるため、台湾ではこれらの人びとを「原住民」と呼び、日本語では一般的な「先住民」は用いない。この観点にしたがい、本書での表記は「原住民」で統一する。

ヨーロッパ世界との接触

先史時代に原住民を主役としていた台湾の歴史は、一六世紀に入り大きな転機を迎える。一六世紀なかごろ、ポルトガル人が台湾の近くを船で通り過ぎる際、「Ilha Formosa（イラ・フォルモサ）」と叫んだとの故事が、台湾ではよく知られている。イラ・フォルモサとは「美しい島」という意味である。実際には、ポルトガル人がいつこのような発言をしたのか、本当に台湾を指しての言葉だったのかなど不明点は多いが、一六世紀後半から一七世紀前半にかけ、フォルモサはヨーロッパ世界における台湾島の呼称として定着していった。また、その後の台湾では「美麗島」という語が台湾を意味する美称として好んで使われることがあり、一九七〇年代の民主化運動では『美麗島』という政論雑誌が重要な役割を果たすことになる。

ポルトガル人のエピソードの真偽はともあれ、一六世紀ヨーロッパの大航海時代を経て、台湾は地球規模の注目を集めるようになった。当時の中国大陸を統治していた明朝は、海禁政策をとり海上交易を制限していたが、一六世紀の中国沿海部では海賊集団（倭寇）による密貿易が活発化した。また、ポルトガル人がマカオを拠点としたのに続き、スペイン人はマニラに拠点を築き、東アジアとの貿易を展開するようになった。

一七世紀に入るとヨーロッパにおいて経済的な主導権がオランダに移る。オランダ政府は一六〇二年、軍備や植民地建設の権利を与えた「東インド会社」を設立した。同社は中国沿海での貿易拠点を求め、一六二二年に台湾本島から西に約五〇キロメートルに位置する澎湖諸島を占領する。澎湖諸島は中国宋代の一二世紀には漢人の定住が進んでおり、一七世紀に清朝の統治下に組み込まれる台湾本島とは異なり、早くも一三世紀には元朝の統治下に入っていた。

オランダ東インド会社は明朝との戦闘、協議を経て、一六二四年、澎湖諸島から撤退する代わり、台湾南部、今日の台南市安平に拠点を築くことになった。この地は当時「大員」と呼ばれ、「台員」「台湾」と書かれることもあり、これが後に台湾島全体の呼称として使われていくことになる。オランダ東インド会社は統治の拠点として安平にゼーランディア城を建造するが、その遺構は今日も安平古堡の名で国定古蹟となっている。その東には、オランダが一六五六年に新たに築いたプロヴィンティア城（赤崁楼）も遺されている。

オランダ東インド会社による台湾統治開始後、台湾北部にはスペイン人が拠点を築いたが、オランダ人によって駆逐された。オランダ人は決して台湾全土を実質的に支配したわけではなかったが、その勢力は台湾北部、中部、東部に広く及び、当時の原住民人口の四－五割ほどを統治下に置いたとされる。

漢人の流入

オランダによる台湾統治は、一六六二年までの三八年間続いた。その統治は、ヨーロッパと東アジアを交易でつなぐだけでなく、東アジア域内の交易を活発化したことに特徴があった。台湾にはそれまでも一定数の漢人住民がいたが、オランダ東インド会社は稲作やサトウキビ栽培の労働者を求めて漢人や日本人の台湾への移住を奨励した。そのため、一七世紀後半のオランダ統治時代末期には、台湾の漢人人口は三万五〇〇〇人から五万人程度にまで拡大していたとされる。なお、当時の世界ではヨーロッパ人による植民地政策が、中国大陸からの移民を促進する大きな要因となっており、オランダが一六一九年に胡椒貿易の拠点として建設したバタヴィア（今日のジャカルタ）でも、福建省南部出身者（閩南人）の入植が奨励されていた（菊池秀明『越境の中国史』）。

鄭成功像（台南）（著者提供）

一六六二年、鄭成功（一六二四－六二）がオランダ人勢力を駆逐し、清朝に抵抗し明朝の復興を目指すための基地として台湾統治を開始した。これが台湾で漢人が設置した最初の政府とされる。鄭成功の父である鄭芝龍（一六〇四－六一）は、福建省南部の泉州出身の貿易商、海賊で、泉州人の台湾への入植を行ったことでも知られる。鄭成功は平戸（現在の長崎県平戸市）で日本人の母との間に生まれた。近松門左衛門の浄瑠璃作品「国性爺《こくせんや》合戦」は鄭成功の事績を題材としている。

鄭氏政権は子、孫の代まで引き継がれ、一六八三年に清朝に制圧されるまで続いた。鄭氏政権期に漢人の台湾への移入は拡大し、その数は一〇万人程度だった原住民人口を超えたと推計されている。鄭氏政権が清朝に降伏し、清朝の版図に組み込まれた台湾では、大陸で消費される米の生産地として開発が進んだ。清朝政府は大陸から台湾への移住を規制していたが、人口増加により生活が苦しくなっていった大陸沿海部から、土地が肥沃な台湾に密航する者は後を絶たなかった。台湾は一八九五年の下関条約により日本の統治下に入ることになるが、二〇世紀初頭の時点で台湾の漢人人口は二九〇万人にまで増加しており、原住民の十数万人をはるかにしのぐ規模になっていた。

漢人文化の普及

清代の中国大陸から台湾への漢人移民は、主に対岸の福建省およびその南の広東省から渡った人びとであり、その多くは台湾の西海岸を中心として広範囲に定着した。漢人移民は移住先での相互扶助のため、出身地や職業ごとに集団を形成していた。その武力を背景に開拓が進められたことで、台湾の原住民の生活空間は狭められ、漢人と原住民の間ではしばしば土地をめぐる衝突も起こった。

　また、移民同士の利害対立が武力衝突（「械闘」と呼ばれる）に発展するケースもあった。大陸沿岸から台湾に移住した漢人は、その使用言語によりホーロー人と客家人に大別され、前者が多数を占めていた。ホーロー人の内部では、いずれも福建省南部に位置する泉州をルーツとする人びとと、漳州をルーツとする人びとが二大グループを形成していた。これら泉州系、漳州系、客家人の間や、さらに細かな同郷出身者集団の間では、小さないさかいが大きな衝突に発展することがあった。

　一方、台湾に流入した漢人のなかには、生活の安定とチャンスを求めてさまざまな事業をてがけ、経済的に成功する者も現れた。一八世紀に漳州から台湾に渡った林石をルーツとする霧峰林家は、孫の林甲寅が台湾中部の霧峰村でサトウキビの栽培や落花生油の販売を始めると、第五代の林文察は民間の武装自衛組織（団練）を率いて清朝に対する反乱の鎮圧に貢献する。こうして一大勢力となった霧峰林家は、一九世紀後半に樟脳（クスノキ由来の防虫剤や芳香剤に用いる化合物）の生産によって台湾屈指の富豪となった。後の日本統治期に非武装抗日民族運動の重要な担い手となる林献堂（一八八一－一九五六）は、この一族の出身である。

清朝の統治下で定住する漢人が増加していったことで、台湾には儒教を学び、王朝の官吏登用試験である科挙を受験して官僚を目指し、地域で指導的地位を獲得する社会階層（士紳階級と呼ばれる）も一部に形成された。これについて、台湾社会が伝統的な漢人社会に変貌したという側面を強調するか、漢人の移民が台湾に土着化した側面を強調するかは議論が分かれるが、台湾社会が中国大陸からもたらされた文化によって大きな影響を受けたことは間違いない。また、平地に居住していた原住民の間でも、文化や言語の面で漢化や、漢人との通婚が進んだ。

近代的な国際関係への編入

台湾をめぐる国際環境は一九世紀後半に入り大きな変化を迎える。その変化は、清朝が欧米列強との接触により、世界の秩序についての従来の捉え方を揺さぶられていく過程のなかで生じた。もう少し言葉を加えるならば、清朝はそれまで世界を中国の皇帝を中心とする秩序として捉え、周辺地域を緩やかに束ねる統治構造をとっていたが、一九世紀なかば以降の欧米列強との関係のなかで、国土や国民の境界線を明確に定め、形式上は対等な国家間の条約に基づく関係として国際社会を秩序だてようとする、ヨーロッパ由来の今日のような国際関係のなかに組み込まれていった。そのなかで、台湾社会は大きな荒波に揉まれることになったのである。

一八四二年、アヘン戦争の講和条約として清がイギリスとの間に南京条約を結び、中国大陸沿海の五港を開港すると、欧米諸国は台湾への関心も高めていった。そして、第二次アヘン戦争（アロー戦争）の結果、清は一八五八年に結んだ英仏露米との間の講和条約である天津条約に基づき、台湾北部の淡水、鶏籠（基隆）、南部の安平、打狗（高雄）を開港する。こうして台湾は国際貿易の重要な拠点となっていった。

一八六八年、日本で江戸幕府にかわって明治政府が誕生する。同政府は、七一年に台湾に漂着した琉球漁船の船員がパイワン族に殺害された事件を口実に、七四年に台湾に出兵した。その和解交渉のなかで清国は被害者の琉球民を日本人として扱うことになり、日本が琉球の日本帰属を清に認めさせる形となった。

清はこの事件以降、それまで消極的だった台湾統治政策を改めた。さらに、清仏戦争のなかで台湾海峡が係争地となると、両国が講和した八五年に清朝政府はそれまで福建省に隷属させていた台湾を台湾省として分離することを決定する。初代巡撫（地方長官に相当）

として派遣された劉銘伝（一八三六－九六）は、鉄道や電信の敷設など、台湾を近代化させる改革をおこなった。

日本統治の開始

九四年、朝鮮半島をめぐり日清戦争が勃発する。翌九五年、日本軍が講和交渉のさなかに澎湖島を占領すると、日本は四月に講和条約として下関条約を締結し、清から台湾および澎湖諸島の割譲を受けた。こうして、これらの地域は中国大陸から政治的に分断され、一九四五年の日本の敗戦にいたるまで、植民地として日本の統治を受けることとなった。

下関条約の締結時点では、台湾はまだ軍事的に日本に占領されてはいなかった。このとき台湾巡撫であった唐景崧（一八四一－一九〇三）は、日本の台湾占領を阻止すべく、同年五月に「台湾民主国」と称する政府を台北に樹立する。日本は、同じく下関条約で獲得した遼東半島については露独仏の「三国干渉」により清への返還を余儀なくされた。しかし、台湾民主国はそのような国際社会の干渉を引き出すことはできず、同年一〇月に崩壊した。

台湾社会の内部には、一部には植民地支配という構造の下で、いち早く日本に帰順してその台湾統治の協力者となり、経済的な成功を収めていくことになる辜顕栄（一八六六－

一九三七）のような人物もいた。しかし一方で、台湾各地の住民は、日本軍による占領に対し、多くの死傷者を出しながら頑強に抵抗した。九五年一一月に日本軍は台湾全島の占領完了を宣言するが、その後も各地で武装抗日運動は続いた。

日本は台湾統治機関として台北に台湾総督府を設置した。その長官である総督には、一八九五年から一九一九年までは武官が、一九年から三六年にかけては文官が、三六年から四五年にかけては再び武官が就任する。そのため、日本の台湾統治の特徴はこの三つの段階に分けて論じられることが多い。

前期武官総督時代は、台湾住民の武装抵抗の鎮圧が重視されるとともに、総督に大きな権限を与える「台湾に施行すべき法令に関する法律」（通称「六三法」）の下、台湾の日本内地への同化を追求しない「特別統治主義」がとられた。総督の立法権を制限するため、一九〇六年には六三法にかわり「三一法」が制定される。

前期武官総督時代を通じ、日本は台湾において警察制度の整備や土地調査、人口調査を進め、台湾の実態を隅々まで明らかにしていった。それまで権力者が把握してこなかった台湾の自然や社会に関するさまざまな側面は、これらの調査により「可視化」された。また、総督府は統治初期から台湾各地で日本語の普及をはかり、近代的な教育を求める台湾人の要望とも相まって、教育制度も整備されていった。交通面では〇八年に基隆から高雄にいたる縦貫鉄道が開通した。こうして、台湾島は法的には日本の内地とは区別される一方で、言語や交通面では一体化、均質化されていった。このことは、漳州人や客家人といったグループへの帰属意識とは異なる「台湾人」としてのアイデンティティが、台湾住民の間で形成される重要な契機となった（呉密察「台湾史の成立とその課題」）。

台湾人アイデンティティの形成

文官総督期は大正デモクラシーの時代にあたり、日本の台湾統治方針は内地延長主義へと変更された。二一年には日本本土の法律を台湾に適用することを原則とする「法三号」が公布される。ただし、日本政府は台湾住民に対し、日本内地の住民と同等の市民的権利を与えたわけではなく、就職や進学などの面で差別的な待遇がなされており、その同化政策は限定的なものだった。

当時は民族自決の思潮が世界的に影響を及ぼしており、林献堂ら新世代の知識人たちは台湾の自治を求め、二一年から台湾議会の設置を請願するための署名運動を開始した。請願は三四年に中止に追い込まれるまでの間、一五回にわたっておこなわれた。また、林は蔣渭水（一八九一－一九三一）らとともに二一年に台湾文化協会を発足させ、言論活動を通じた非暴力の抗日民族運動を主導した。同協会はほどなく、社会主義思想に共鳴する左派の人びとと、民族運動を重視する右派の人びととの摩擦により分裂してしまう。しかし、同協会成立は「台湾人」意識の萌芽を明確に示すものとして、今日の台湾社会でその意義が高く評価されている。その発足日である一〇月一七日は近年、民進党政権下の文化部（日本政府の「省」に相当）主導により、「台湾文化の日」として各種記念活動が行われている。

　一九二〇年代なかば以降の台湾では、製糖会社の専横に対するサトウキビ農家の反発から農民運動も展開されるようになった。二八年には、謝雪紅（一九〇一－七〇）らを中心に、日本共産党の支部として台湾共産党が発足した。しかし、三〇年代に入るとこれら左派運動は厳しく取り締まられていく。

　日本政府と原住民との関係においては、総督府の抑圧的な統治への不満から、三〇年に霧社事件という大規模な武装抗日事件が発生している。この事件は、台中の霧社においてモーナルダオを指導者とするセデック族が日本人を襲撃したのに対し、総督府が空襲や蜂起参加者を別の部族に襲撃させるといった苛烈な手段により鎮圧をおこなったものである。

セデック族のなかには、花岡一郎と花岡二郎のように、日本の教育を受けて日本文化を身につけ警官となり、この事件の発生により板挟みとなった者もいた。

総督府は近代的な技術を積極的に導入し、日本統治期の台湾では農業や工業が大きな成長を遂げた。農業の発展のために水利も重視され、三〇年には台南に烏山頭ダムが完成する。下水道の整備などにより、台湾の公衆衛生も改善された。都市部では公園が整備され、映画などの余暇活動も広まった。日本が台湾を植民地化した結果、このような西洋化という意味での近代化が進み、そこには台湾社会にとってポジティブな側面も含まれている。

しかし、同じ時期には学校において「日本人」であることを求められる一方、日本の内地からきた同級生からは中国人を侮蔑する俗称で呼ばれた体験などから、民族意識に目覚める台湾住民も現れた（李娜編『無悔——陳明忠回憶録』）。日本統治期の歴史をどこまで肯定的に評価してよいのかという問題は、第二次世界大戦後の台湾において複雑な政治的争点となっていく。この点については第五章で改めて論じる。

皇民化運動

日本が対外拡張を積極化させるなか、後期武官総督時代に入ると台湾の経済や社会は新たな局面を迎えた。経済面では、それまでも日本統治下の台湾では農産加工業やインフラ建設が推進されてきたが、一九三〇年代には工業化に向けて電力供給の充実が図られ、重工業が発展していった。

社会面では、三六年に皇民化運動が始まり、台湾住民に対する日本への同化政策が強化された。具体的には、高学歴層以外の人びとにも日本語を「国語」として普及させることが推進され、「方言」とされたホーロー語や客家語、原住民諸語は抑圧された。また、戸籍上の姓名を日本式に変更することが推奨されるようになった。宗教面では、日本神道が振興され、台湾の民間宗教に対しては制限が強められた。

軍事面では四二年に陸軍、四三年には海軍の志願兵制度（募兵制）が導入され、四五年には全面的な徴兵制が敷かれた。その対象には原住民族（日本統治下では「高砂族」と呼ばれた）も含まれていた。原住民はそれまで差別的な待遇を受けていたこともあり、戦争という状況下で身体能力などを高く評価されたことを喜び、募兵に対して積極的に志願する者も多かったとされる（菊池一隆『台湾北部タイヤル族から見た近現代史』）。

三七年の日中戦争開戦から四五年の太平洋戦争での日本敗戦にいたる八年間で、戦争に参加した台湾住民は約二一万人、戦死者は約三万人と推計されている。これらの人びとやその遺族は第二次世界大戦後、日本国籍を失い、日本人と同等の補償を受けることができないという問題が残されることとなった。

後の九六年に台湾で初めての直接選挙による中華民国総統に就任する李登輝（一九二三―二〇二〇）は、この戦争で兄の李登欽を失っている。李は、自身や兄が「国のために立派に戦って死ぬという理想に燃えていた」としつつも、「理想と現実には大きな隔たりがあった」とその複雑な心境を吐露する一方、兄が日本の靖国神社に祀られていることに対し感謝の念を表明してもいる（李登輝『新・台湾の主張』）。片や、台湾内部にはこれとは異なる評価もあり、高金素梅（一九六五―）らは二〇〇〇年代前半の小泉純一郎首相による靖国神社参拝に反対し、〇三年に日本で原住民戦没者の回顧・祭祀に関する自己決定権を主張する裁判を起こした。

靖国神社をめぐる論点のほか、台湾の「慰安婦」たちに対する謝罪・補償および、その歴史をどう記憶していくかという問題も、複雑な争点として今なお残されている。台湾の人びとが日本人として戦争で生命や尊厳を奪われた歴史とどのように向き合うかという課題は、日本社会に今なお重くのしかかっている。

多くの住民が日本人意識をもって戦争に参加する一方、日中戦争期の台湾住民のなかには、大陸で日本と戦っている中華民国を祖国と認識し、大陸に出向いて抗日活動を行った人びとも小規模ながら存在した。台北出身の李友邦（一九〇六－五二）は、福建在住の台湾出身者を中心とする「台湾義勇隊」を組織し、抗日遊撃行動を展開した。一九四一年には李ら複数の台湾人抗日団体が連合し、重慶で「台湾革命同盟会」を結成する。重慶は、南京を失った中華民国の臨時首都となっていた中国西南部の都市である。同会の人数は一〇〇〇人程度であったが、台湾が「祖国」である中華民国に「復帰」すること（「光復」と呼ばれた）を歓迎する世論を盛り上げる宣伝に大きく貢献したとされる（近藤正己『総力戦と台湾』）。

中国大陸との政治的分断の継続

ここまで第二次世界大戦終結以前の台湾の歴史をかけ足でたどり、原住民、ホーロー人、客家人といったエスニック・グループが台湾という地域にどのように定着したのかを見てきた。また、日本統治により台湾は中国大陸から政治的に分断される一方、その住民は日本内地の日本人とは区別されたことで、台湾および澎湖諸島を一つの政治的なかたまりとし、そこに住む人びとを台湾人と捉える思想が芽生えたことを確認した。

ただし、今日の私たちが「台湾」と呼んでいる地域は、台湾島および澎湖諸島に加えて、福建省沿岸の金門島、馬祖列島を合わせた領域を指すことも多い。なぜなら、それらを合わせた地域こそが現在、「中華民国」を自称する政府の統治が及んでいる範囲だからである。私たちが一般に「中国」と呼ぶ中華人民共和国は、これらの地域を自国の一部と見なしており、中華民国による統治を認めていない。しかし、その実質的な統治がこれらの地域に及んでいるわけではない。

では、これら地域はどのような経緯で中華民国政府の統治下に入り、また中国大陸とは政治的に分断された状態で今日を迎えているのであろうか。以下では、第二次世界大戦後から今日にいたる台湾の歴史について、政治面を中心にごく大まかに概観しておきたい。

一九四五年の日本の敗戦にともない、台湾島および澎湖諸島の施政権は国民党を中心とする中華民国政府に移管された。蔣介石を指導者とする国民党は、日中戦争において首都の南京を失った後も重慶を臨時首都として抗戦を続け、中華民国は最終的に戦勝国となっていた。中華民国政府は台湾島および澎湖諸島の接収を失地の回復とみなし、大いに祝賀した。これら地域の住民は日本統治期には日本国籍者となっていたが、中華民国政府はその人びとが中華民国籍に復帰したと宣言した。

その後、国民党は中国大陸において中国共産党との内戦に敗れ、台湾に撤退する。四九年に中華人民共和国が成立した後も、国民党の蔣介石は台湾において、武力によって共産党から台湾を取り戻す「大陸反攻」を訴え続けた。しかし、これは叶うことなく、五〇年代の軍事衝突の末、福建省の金門島、馬祖列島までが中華民国の実質的な支配下に残った。この「台湾の中華民国」と中国大陸との政治的分断が、国際社会における米ソ冷戦構造の影響により固定化し、それが解消されないまま今日にいたっている。

なお、四五年の国民党による台湾統治開始および四九年の台湾撤退にともない、台湾には大陸から新たな統治者集団およびその随行者として多くの人びとが移入した。これらの人びとこそ、先に挙げた「四大族群」論において台湾を構成するもう一つの主要なグループとされる「外省人」にあたる。これに対し、四五年以前から台湾に定着していた漢人は「本省人」と呼ばれ、外省人とは区別されるようになった。両者の区別は第二次世界大戦後の台湾にとって大きな意味をもったが、その問題については第二章で改めて論じたい。

国際社会における孤立

今日の台湾を統治する政府は「中華民国」を自称しており、今日も「中華民国憲法」の下で安定した統治を行っている。そのため、台湾は領土が他の地域ときちんと区切られ、内部には国民を有し、それを統治する政府機構を具えているという意味で、国際社会の構成メンバーである「主権国家」としての要件を満たしているように見える。しかし、今日の国際社会において台湾の中華民国と正式な外交関係を有しているのは一三か国（二〇二三年九月一日現在）に過ぎない。なぜなら、中華人民共和国は台湾ないし中華民国を「主権国家」として断じて認めておらず、世界中のほとんどの国がその意向に配慮しているためである。

もともと中華民国は連合国の一員として第二次世界大戦の戦勝国となり、国際連合の安全保障理事会において常任理事国の地位すら有していた。しかし、中華人民共和国の国際社会での影響力が次第に増していくと、一九七一年の国連総会決議により中華民国は国連議席そのものを喪失し、常任理事国の地位も中華人民共和国にとって代わられてしまう。翌七二年には、台湾の蔣介石政権の後ろ盾であったはずのアメリカが、中華人民共和国との接近を進め、ニクソン大統領の訪中という一大外交イベントが発生した。

同年、日本は中華民国と断交するとともに、中華人民共和国との間で日中共同声明を発出し「国交正常化」を果たす。この時、日本は中華民国との間の正式な政府間の関係は放棄したが、民間の関係として経済や文化面で台湾との実質的な交流を維持した。現在の日本政府も、公式見解として、日本と台湾との関係は「非政府間の実務関係」として維持されていると主張している。

このように、中華人民共和国の共産党政権に配慮しながら台湾との実務関係を維持するという態度は、七〇年代初頭以降、各国で広く採用されてきた。これを台湾側から見れば、他国との正式な外交関係や国際機関への参加は大きく制限を受けているが、国際社会とは実務関係の束でつながっているのである。

政治変動

七〇年代初頭に国民党政権が前述のような深刻な対外危機へと向かう間、ちょうど日米間の沖縄返還交渉により尖閣諸島が日本の施政下に移ることが判明した。すると、北米の台湾人社会を中心に、尖閣諸島の中国語名である「釣魚台」の「保衛」を訴える「保釣運動」が盛り上がった。この運動は台湾内部にも波及し、批判の矛先は日本だけでなく国民党の無力さにも向かった。

折しも当時は蔣介石が体調を崩し、息子の蔣経国（一九一〇－八八）が国民党内で権力を固めようとしていた時期でもあった。蔣経国は優秀な本省人の若手を抜擢することで、国民党内での自身の権力基盤の強化を試みた。農業経済学者だった李登輝はまさにこの時期に抜擢され、政界に進出している。

蔣経国はこのほか、国会改革も推進した。国民党政権はそれまで、大陸中国で選出された民意代表（国民大会代表、立法委員、監察委員）を台湾に帯同し、非改選の議員として維持していた。なぜなら、そうすることが、自らが四七年に発布された中華民国憲法に則して正しい政治を行っていることの重要な根拠になると考えていたためである。しかし、議員の高齢化が進んだことから、蔣経国は台湾島を中心とする実際の支配領域（「自由地区」と呼ばれた）で選挙を行うことで、欠員補充や定員増加を徐々に進めていった。「分割払いの民主化」が始まったのである（若林正丈『台湾——分裂国家と民主化』）。

七〇年代の選挙戦を舞台として、国民党に属さず反国民党の姿勢をとる「党外」と呼ばれる人びとは、にわかに活動を活性化させた。それらの人びとは国民党の厳しい取り締まりに遭いながらも、選挙への出馬や応援、政論雑誌の発行などの活動を通じて社会に向けて改革を訴えていった。

七七年、桃園県長選挙に際し、国民党による開票の不正行為に抗議する民衆が、中壢市の警察署を焼き討ちにする事件が発生した（中壢事件）。蔣経国はこれに憤り、党外勢力への締めつけを強化する。七九年、高雄市で実施された政論誌『美麗島』主催のデモを契機に、政府は急進的な党外活動家を一斉に逮捕した。この「美麗島事件」はアメリカ政府や社会の強い反発を招き、蔣経国は八〇年代を通じて人権問題への対応を迫られていく。

中華民国憲法改正と政権交代

八六年、選挙活動を通じて結束を強めた党外政治家たちが突如、民進党の結成を宣言すると、蔣経国は従来の抑圧政策に反してこれを黙認した。蔣経国はさらに翌年、三八年にわたり続いた台湾省の戒厳令（第二章参照）を解除した後、八八年に死去する。

　これにともない、副総統だった本省人の李登輝が総統職を継いだ。李登輝は権謀術数を駆使して国民党内の基盤を固めつつ、変革を求める台湾世論を民進党ではなく自身の側に引き寄せながら、政治改革を強力に推し進めた。九一年、国民大会は中華民国憲法の改正を可決し、もともと台湾政治に関与できていなかった大陸中国の住民を、中華民国の国政選挙から排除することを明確にした。その後も憲政改革が重ねられた結果、九六年には台湾で初めての中華民国総統の直接選挙が行われ、国民党の李登輝が当選した。

　こうして中華民国は、台湾島、澎湖諸島、金門島、馬祖列島を合わせた地域を基盤として民主化を達成する。その政府は、中国大陸に由来する「中華民国」という国号を維持していながら、実質的には「台湾」政府と呼んだ方がしっくりくる体制へと移行したのである（若林正丈『台湾の政治——中華民国台湾化の戦後史』）。

二〇〇〇年、台湾で二度目の総統直接選挙により民進党の陳水扁政権が誕生し、初めて国民党からの政権交代が起こった。国民党は、立法院（国会）では過半数を有さない民進党に対抗するため、中華民国による中国大陸と台湾の統一を夢見る勢力を糾合して「ブルー（汎藍）陣営」を形成すると、国民党を追われた李登輝は台湾の主体性を重んじる勢力をまとめ、民進党政権を支える「グリーン（汎緑）陣営」を構築した。以降の台湾政治は、藍緑二大勢力が対抗する図式となった。

陳水扁政権が台湾独立色を強め、中国との緊張関係が高まると、〇八年の総統選挙では大陸の共産党政権との関係改善を訴える国民党の馬英九（一九五〇―）が当選した。馬英九政権の下、台湾海峡両岸の交流は大きく拡大した。しかし、馬英九の対中融和姿勢に対して台湾社会の反発は強まっていき、一四年には政府に抗議する学生らが立法院を占拠する「ひまわり学生運動」が発生する。

国民党が世論の支持を大きく損なった結果、一六年の総統選挙では民進党の蔡英文が当選した。民進党は立法院でも初めて過半数の議席を獲得し、安定的な政権運営に乗り出した。一〇年代末から二〇年代初頭にかけて中国政府が香港の民主化運動への締め付けを強化したことを受け、近年の台湾では中国による台湾統一政策への警戒が著しく高まっている。蔡英文政権は台湾が実現してきた民主の理念を前面に押し出し、民意の結束を図るとともに、国際社会に支持を求めている。

台湾化する中華民国と文化的多元性の尊重

第二次世界大戦後、台湾で中華民国を存続させた国民党政権は、台湾住民に対し「中国人」であることを求めた。その一環として、北京周辺で話されている中国語が国家の標準語である「国語」とされ、教育やメディアを通じて普及が図られた。それは原住民にとってはもちろん、主に中国南方をルーツとする本省人にとっても不慣れな言語であった。多くの住民がすでに習熟していた日本語の使用は、一九八〇年代にいたるまで大きく制限されることになった。また、歴史や地理の教育において台湾の子どもたちは、実際には政府の統治が及んでいないにもかかわらず、大陸中国まで含めた広大な領域が中華民国だと教え込まれた。

このような台湾における中華民国の中国中心主義は、七〇年代以降の民主化プロセスと並行して「台湾意識」が台頭するなかで見直され始める。この時期に限定的ながら行われるようになった国政選挙では、人口の多数にとっての母語であるホーロー語を駆使して演説を行い、支持を集める候補者が登場した。同じ頃、文学界では農民、労働者、女性、環境汚染などをテーマとする、台湾社会に根ざした作品群が注目を集めた。文壇での思想解放が進む一方、七〇年代から八〇年代にかけては、反公害や環境保護、女性の地位向上などを訴える社会運動も活発化した。

　このように、国民党政権の中国中心主義的な政策に対し、社会からは台湾という土地への愛着に基づく批判が起こり、それが大きなうねりとなったのである。ただし、ここで注目すべきは、それまで国民の「われわれ意識」を統合するための理念として政府が強調してきた「中国」に対し、新たに「台湾」という別の一元的な理念が取って代わったわけではないという点である。

　八〇年代には、自らを台湾の本来の主人であるとする観点から、原住民による言語権の保障や土地返還を求める運動が広まった。また、ホーロー人だけが台湾人ではないという観点から、本省人のなかでは少数派である客家人による文化復興運動も展開され始めた。

さらには、これらの状況を背景に、外省人たちの間で自分たちは台湾社会における少数派集団であるとの意識が強まった。こうして、九〇年代の台湾では前述の「四大族群」の考え方が流布し、台湾社会は複数の文化や言語を有する多元社会であるとの認識が定着していったのである。さらに近年では、結婚により中国大陸や東南アジアから移住してきた人びとや、外国人労働者といった新たな住民が増加したため、それらの人びとをどのように台湾社会に包摂するかが重要な課題となっている。

アイデンティティの模索

このような歴史的経緯もあり、今日の台湾では、多様な文化の共存を肯定する考え方が定着している。台湾社会のこの価値観は、エスニック・グループの問題に限らず、性的少数者をめぐる問題においても見られる。一九九〇年代以降、台湾では女性の政治参加を拡大する取り組みが加速し、二〇二〇年の立法委員（国会議員）選挙では女性議員の比率が40％を超えた。また、民進党の蔡英文政権は、一九年にアジアで初となる同性婚の合法化を実現させた。

なぜ台湾では、このように社会の多様性や少数者の権利を重んじる思想が広く共有されているのだろうか。一つには、国際社会において不安定な地位に置かれている台湾にとって、少数者を尊重することは、自らの存在をいかに肯定するかという課題にも通じているためではないかと考えられる（呉豪人「国際人権法と台湾の未来」）。それに加えて、台湾に住む人びとは長きにわたり、圧倒的な武力をもつ権力者によって「あなたたちは日本人である」「あなたたちは中国人である」という価値観を押しつけられてきた歴史を持ち、それに反発するなかから未来に向けてアイデンティティを模索する途上にあるという事実も重要ではないだろうか。

次章では、いったん第二次世界大戦後初期まで時代をさかのぼり、国民党による一党支配体制のなかで台湾社会内部にはどのような摩擦が起こり、それに日本がどのように関わっていたのかについて見ていきたい。

第二章　一党支配下の政治的抑圧

オードリー・タン　via Wikimedia Commons

二〇二一年一二月、アメリカのバイデン政権は「民主主義のためのサミット」をオンライン方式で実施した。このイベントには中国が招待されなかった一方、台湾からは政務委員のオードリー・タン（「はじめに」参照）が参加した。タンは会議に寄せたビデオ・メッセージのなかで、次のように述べた。

> 台湾は若い民主主義だが、権威主義とのグローバルな闘争の最前線に位置し、また世界の自由、民主、人権を促進するのに主導的な役割を演じている。
>
> （Summit Participant Statement of Taiwan for 2021 'Summit for Democracy'）

近年の台湾では、タンのこの言葉に象徴されているように、自由、民主、人権の価値観がしばしば強調される。ただし、タンが「若い民主主義」と言うように、台湾でそのような社会が実現されたのは一九九〇年代のことであり、それ以前の台湾で抑圧的な政治が行われてきたことは広く知られている。

第二次世界大戦後、四五年以降の台湾において抑圧的な政治を行ってきた政府とは、中華民国の国民党政権である。中華人民共和国の共産党政権ではない。むしろ、国民党政権は共産党の影響力が台湾に及ぶことを防ぐためにこそ、とりわけ五〇年代以降、台湾で抑圧的な政治体制を固めていった。また、国民党政権が排除しようとした対象は共産党に共感を示す人びとだけではなく、自由主義的な観点から蔣介石が強権を握ることに反対した人びとや、台湾は「中華民国」の一部ではなく「台湾」という国として独立すべきだと主張した人びとも含まれた。

これらの人びとは反体制という意味では共通し、互いに重なる部分もあったが、決して一枚岩の組織というわけではなかった。蔣介石政権への反対では見解が一致していても、台湾や東アジア、ひいては世界が将来的にどのような社会や秩序の実現を目指すかについてはさまざまな立場や見解があり、政権側から見れば反体制とひとくくりにされる人びとの内部にも摩擦や緊張関係が存在したのである。

今日の台湾は、以上のような複雑に錯綜した対立関係を乗り越え、未来に向けてどのような社会を築いていくかという課題にまさに取り組んでいる最中にある。そこで本章では、第二次大戦後の台湾における反体制運動と政府当局による弾圧について、いくつかの象徴的な事例を取りあげてみたい。それらを通じて、民主化以前の台湾をめぐるさまざまな政治的争点、とりわけ「反中／親中」あるいは「反日／親日」という二項対立では理解できない、台湾の社会や政治が内包する複雑さについて概観するのが狙いである。

中華民国による台湾統治の始まり

一九四五年八月一四日、日本はポツダム宣言を受諾し、連合国に降伏した。ポツダム宣言はアメリカ、イギリス、中華民国から発されたもので（後にソ連も追認）、その第八条は次の内容であった。

カイロ宣言の条項は履行されなければならず、また日本国の主権は本州、北海道、九州、四国および私たちの決定する諸小島に限定されなければならない。

ここに登場するカイロ宣言とは、四三年一二月に、アメリカのルーズベルト大統領、イギリスのチャーチル首相、中華民国の蔣介石総統の三首脳がおこなったカイロ会談に際して発せられたものである。同宣言は、対日戦争の目的には以下の内容が含まれることを記していた。

満洲、台湾、澎湖島などの日本国が中国人から盗んだすべての領土は、中華民国に返還されなければならない。

日本政府は四五年九月二日、ポツダム宣言の条項の誠実な履行を約束するとの内容を含む降伏文書に調印する。これらの内容は、第二次世界大戦後の中華民国にとって、自らが台湾を統治することの正しさを主張するための拠りどころとなった（川島真ほか『日台関係史１９４５‐２０２０』）。

四五年一〇月二五日、日本の台湾総督府による台湾統治が終結し、中華民国による実質的な台湾統治が始まった。台湾では当初、これを「祖国」への復帰として歓迎するムードがあった。しかし、中華民国政府は日本の統治を経験した台湾住民を「奴隷化教育」を受けた人びとと見なし、台湾のエリート層の政治参加を推進しなかった。日本統治下で台湾住民の多くは日本語に習熟していたが、国民党政権は台湾から日本文化をなるべく排除し、中国語や中国文化を普及させようとした。また、経済面では公営企業の非効率な経営や汚職などにより、社会的混乱が広まっていった。

第二次世界大戦後に中国大陸から台湾に移入した住民は、台湾省（省は中国の行政区画）の外にルーツを持つ住民という意味で「外省人」と呼ばれた。それ以前から台湾に定着していて日本統治を経験した漢人である「本省人」たちは、言語や生活習慣を異にする外省人への不満を大いに募らせることになった。

二二八事件

四七年二月、ヤミ煙草の取り締まりを契機に本省人と外省人の衝突が起こり、台湾全土に反政府の政治暴動が波及した。すると、蔣介石は中国大陸から部隊を派遣し、台湾各地で市民に対する逮捕や虐殺を行った。また、政府に批判的だったジャーナリストなどの言論人は次々と拘束され、失踪者も多数にのぼった。この一連の事件は「二二八事件」と呼ばれる。その受難者の規模はいまだ正確には明らかになっていないが、死亡者数は約一万八〇〇〇人から二万八〇〇〇人にまでのぼったと推計されている。

事件後、台湾社会のエリート層は壊滅的な打撃を受け、一般庶民も政治に対する恐怖を植え付けられた。こうして、「省籍矛盾」とも呼ばれる本省人と外省人の間の亀裂は決定的となり、その後の台湾社会に長く影を落とすことになった。本省人の間では外省人を指して「中国人」と呼び、自分たち「台湾人」と区別するような意識が強まっていったとも言われる（若林正丈「台湾ナショナリズムと『忘れ得ぬ他者』」）。

蔣介石はこの事件において、軍事的な鎮圧を断行するにあたり、騒動は共産党の扇動によって起こされたとの説明を行った。たしかに、共産党関係者は衝突の発生後、反乱を鼓舞する積極的な宣伝活動を行っている。しかし、暴動自体は実際には共産党や左翼が計画的に起こしたものではなく、そのような見方は蔣介石の耳にも入っていたという（陳儀深「二二八事件の原因についての論述」）。また、台湾独立の主張は後に共産党と並んで国民党の厳しい取り締まり対象となっていくが、この事件のなかではまだ大きな役割をはたしていなかった（陳儀深『認同的代価與力量』）。

二二八事件の発端は政府に対する台湾社会の不満にあったが、為政者として台湾に渡って来た外省人と、差別的な扱いを不服とする本省人との摩擦が相まって、暴動と苛烈な武力鎮圧にまで発展した。台湾ではこの後、国民党の一党支配が続くため、事件は長きにわたりタブー視されたままとなっていた。八〇年代以降、台湾で民主化が進むと、ようやく事件の真相解明を求める声が社会の支持を得て、国民党による権力の乱用および人権侵害について活発な議論がなされるようになっていく。

省籍矛盾を強調することの問題点

一方、台湾出身の歴史学者で立教大学教授だった戴国煇（一九三一－二〇〇一）は、かつて一九八〇年代の著作の中で次のように述べ、外省人にすべての加害責任を求める見方に警鐘を鳴らした。

> 弾圧のメカニズムが錯綜した複雑なものであるにもかかわらず、現在〔一九八八年〕、本省人の大部分は、自分たちを被害者とだけみなし、加害者は国府〔中華民国政府〕・国民党・外省人と決めつけ、単純化して呪詛する。嫌悪の情をあらわにすることさえも少なくない。
>
> 当時の国府も国民党も一枚岩では決してなかった。〔略〕一部では、自分たちの対日協力をめぐる悪事の露顕の防止に、これぞよき機会といわんばかりに、ライバルの消去に、密告と官憲の手を借りた暗闘と暗殺の事例も少なくなかったと伝えられる。

> ともあれ、公開裁判ではなく、多くが秘密裡の逮捕と暗殺だった。下手人が誰であれ、弾圧の方式と内容のいかんを問わず、悪の元凶のレッテルは、国府・国民党・外省人に貼られる。〔略〕
>
> 悲劇の傷痕だけが残り、疼き続ける。そして日本植民地時代の「共犯構造」の従犯者らは、二・二八事件を機に、いつのまにか民衆の視野と記憶から巧みに身を隠した。
>
> （戴国煇『台湾』）

ここで戴が「日本植民地時代の『共犯構造』の従犯者」と呼んでいるのは、日本人から差別的な扱いを受けながらも、一定の経済活動や社会的地位の上昇が認められたことで支配体制に取り込まれていった人びとを指す。戴はおそらく、省籍矛盾を過度に強調することは日本人読者の台湾理解、ひいては日本史理解を妨げるとの問題意識から、右のように激しい表現で「外省人に対する批判」を批判したものと思われる。

これを単なる「本省人に対する批判」と読まず、より抽象化して解釈することが許されるのであれば、戴の論点から逸脱してしまうかもしれないが、次のような理解も得られるのではないか。すなわち、第二次世界大戦後の台湾に住む人びとは、国家暴力が恣意的にふるわれる状況下、誰かがそれを利用していることに対する怒りや、誰かがそれを利用するのではないかという猜疑心が渦巻く中で生活していかなければならなかったのである。

省籍矛盾はこの後の台湾政治、とりわけ七〇年代から九〇年代にかけての民主化プロセスにおいて大きな原動力となっていく。その意味で、本省人と外省人の亀裂が台湾社会にとって大きな意味を持ってきたことは間違いない。ただし、台湾におけるあらゆる政治争点が本省人と外省人の対立という構図で理解できるわけではなく、とりわけ近年では世代交代も進んでいる。その亀裂を過度に強調することは、今日の台湾の政治状況を理解する上でも妨げになりかねないことに注意が必要である（劉彦甫「日経の連載はなぜ台湾から抗議と批判を受けたか」）。

白色テロ

二二八事件に続き、国民党統治下の台湾は、「白色テロ」の時代に入ったとされる。白色テロとは、権力者による敵対勢力に対する暴力的な弾圧を指す語で、一八世紀末のフランス革命時に革命勢力が逮捕、惨殺された際、フランス王権の象徴が白百合だったことに由来する。

台湾においては、国民党は、共産党から中国大陸を奪い返し、中国を統一することを基本国策に掲げていた。そのため、これに反する「共産主義」および「台湾独立」の取り締まりを主たる名目として、長期にわたり厳しい政治弾圧が行われることになった。白色テロと呼ぶ期間については諸説あるが、四九年に発生した「四六事件」から、九二年に内乱罪を定めた刑法一〇〇条が改正されるまでとするのが一般的である。四六事件は、台湾省立師範学院（現国立台湾師範大学）と国立台湾大学を中心とする学生運動に対し、中国共産党の影響が及んでいることを懸念した国民党政権が、軍および警察によって大規模な鎮圧を加えた、いわゆる「赤狩り（共産主義者の弾圧）」事件である。

ところで、中華民国の国民党政権は、第二次世界大戦後、中国大陸での政治の主導権をめぐり共産党と対立し、四六年には全面的な内戦に突入していた。この間、国民党は憲法の強硬採択を図り、四七年には議会制民主主義を定めた民主的な内容を持つ中華民国憲法が公布された。ところが、四八年の第一回国民大会（国家元首である総統の任免や憲法改正を担う議会）で「反乱鎮定動員時期臨時条項」が制定され、共産党の「反乱」を鎮定することを大義名分として、総統には憲法の規定に拘束されない強大な権限が与えられた。その強力な総統には蔣介石が当選し、四八年五月に就任した。四九年五月、蔣介石の腹心で台湾省主席の陳誠（一八九七－一九六五）が台湾全土に戒厳令を敷き、治安関係法令が整備されていった。こうして台湾社会は、スパイの告発が奨励され、当局による拷問も横行する、重苦しい時代へと入っていった。

戒厳令は八七年にようやく解除されるが、それまでの間に台湾では二万九〇〇〇件を超える政治事件が取り締まられ、一四万人が入獄したとされる。とりわけ、五〇年代前半には赤狩りを名目とした政治弾圧が厳しく展開され、一説には五〇年から五四年の間だけでも少なくとも三〇〇〇人が銃殺刑となり、八〇〇〇人以上が入獄した。そこには多くの冤罪も含まれていたという（侯坤宏「戦後台湾白色恐怖論析」）。

二〇二一年に政府の移行期正義促進委員会（第五章参照）が約一万四〇〇〇件の政治事件の裁判記録を分析したところによると、被告とされた人は性別では約96％が男性、出生地別では外省籍の45％に対して台湾省籍は55％、年齢別では一九歳から二九歳が約43％を占めた。時期別では大半が一九五〇年代前半に集中しているが、八五年にも再度ピークが来る（「台湾転型正義資料庫中之政治案件統計図表」）。なお、言論統制は戒厳令解除後も直ちに終わったわけではなく、台湾が政治の自由化を実現するには、さらに九一年の憲法改正を経なければならなかった。

国際冷戦下の中国内戦と日華関係

四五年、台湾は日本に代わって中華民国の統治下に入った。台湾は日本による植民地支配から脱却するにあたり、台湾という国として独立するのではなく、中華民国に編入されたことになる。そのため、台湾の脱植民地化は台湾社会が自らのアイデンティティや国家を形成するのではなく、国民党政権が台湾を「中国化」するという形で「代行」されたとする見方もある（森田健嗣「脱植民地化の代行」）。

中華民国政府は自らが唯一の合法的な中国政府であるとの立場をとり、四九年に成立した中華人民共和国は中国大陸を不法占拠していると見なした。そのため、台湾に撤退した蔣介石ら国民党政権は、いずれ大陸を共産党から奪還し、台湾と中国大陸を「一つの中国」に統一することを目標とした。

北京に中華人民共和国政府、台湾に中華民国政府が分立し、両者がともに自らを唯一の合法中国政府だと主張したことで、四九年以降の国際社会はこの両者とどのように付き合っていけばよいかという難題に直面していた。日本はと言えば、中国大陸との関係および台湾との関係はどちらも重要であり、双方との関係を構築しなければならないという考えがありつつも、米ソ対立の国際冷戦構造の下、共産主義の中国と国交を持つことはアメリカから歓迎されなかった。

五一年、アメリカのサンフランシスコで連合国と日本の間の講和会議が開かれた際、中華人民共和国と中華民国はいずれも招かれなかった。前者を承認したイギリスと、後者を支持するアメリカが対立したためであった。その結果、日本はアメリカの求めに応じ、台湾の中華民国と単独で講和条約を結ぶことになり、五二年に日華平和条約を締結した。こうして、日本は台湾の中華民国との間には国交があり、北京の中華人民共和国との間には国交がない状態で七〇年代初頭までの時期を過ごすことになった。

国民党政権は当初、対日賠償請求を準備しており、その額をおよそ五〇〇億ドルと見積もっていた。しかし、サンフランシスコ講和条約で連合国がすでに賠償請求権を放棄していたことに加え、アメリカは国民党政権に対日賠償を放棄することを求めた結果、日華平和条約では中華民国側が役務賠償を放棄することによって賠償放棄が約された（川島真ほか『日台関係史　１９４５－２０２０』）。一方、蔣介石は第二次大戦後、敗戦国となった日本の国民に対して寛大な姿勢をとっており、日本社会ではそれまで日中戦争で敵として戦っていた蔣介石に感謝する世論も生まれていた。蔣介石の対日寛大政策は、後に「以徳報怨

〔徳を以て怨みに報いる〕」とのスローガンで宣伝されるようになり、日本社会では戦争を経験した世代を中心に広範な支持を集めた（深串徹『戦後台湾における対日関係の公的記憶』）。日本の岸信介首相は五七年に台湾を訪問して蔣介石と会談を行った折、「蔣総統の寛大さにより早く国交が回復出来たこと」に感謝を表明している（『朝日新聞』一九五七年六月四日）。

日華平和条約には、台湾の法的地域についての言及もある。しかし、ここでもサンフランシスコ講和条約に準じ、日本が「台湾及び澎湖諸島並びに新南群島及び西沙群島に対するすべての権利、権原及び請求権を放棄したことが承認される」としか規定されなかった。中華民国が第二次世界大戦下の連合国側の四大国の一角として日本と戦っていた四三年に発出されたカイロ宣言には、前述のように、台湾が「中華民国に返還されなければならない」との文言がはいっていた。しかし、五二年の日華平和条約で日本側がそのような言質を与えることはなく、台湾の主権に関して何ら明確な言及がなされなかったのである。この事実は、台湾の独立や民族自決を求める人びとが、台湾の帰属は決まっておらず、その法的地位は未定であると考え、中華民国による台湾統治は不当であると訴える根拠の一つにもなっていった。

陳智雄事件

第二次大戦後の台湾では、それまでの日本の台湾総督府による言論統制が緩んだことから、国民党による統制が厳格化されるまでわずかに存在した権力の空白期間に、さまざまな政治思想を表明する余地が生まれた。そのなかからは、民族自決の考え方などに基づき、台湾は台湾人による「台湾」という国家として独立しなければならないと考える人びとも現れた。しかし、そのような考え方は、中国大陸の奪還による国家統一を目指す蔣介石政権の基本方針に真っ向から反しており、政府の厳しい取り締まりの対象となった。そのため、いわゆる台湾独立運動は、台湾内部よりも主に海外で展開されることになった。

反国民党の知識人であった廖文毅（一九一〇－八六）は、二二八事件の首謀者の一人とされて指名手配となった後、四八年にイギリス統治下の香港において台湾再解放聯盟を結成し、台湾独立を主張した。廖はその後、日本に逃れ、五六年に東京で台湾共和国臨時政府の樹立を宣言し、その臨時大統領を名乗った。

国民党政権は当然ながら日本で台湾独立運動が展開されることに不満であった。しかし、互いに対等な主権国家として関係を結んでいる以上、中華民国政府が日本において表立って政治犯を取り締まるようなことはできない。そのため、国民党政権は日本政府に対し、水面下での協力を求めていたようである。結果として、日本政府が直接手を下したわけではないものの、日本から送還された政治犯が台湾で処刑される事件も生じている。

陳智雄（一九一六－六三）は一六年、日本統治下の台湾南部の屏東で生まれた。陳は東京外国語学校（現東京外国語大学）でオランダ語などを学んだ後、第二次世界大戦中に日本軍の通訳となり、四五年にインドネシアのスマトラ島中部のブキティンギに滞在した。そこで知り合った華人女性の陳英娘と結婚し、子を儲けた。なお、陳は戦後、中華民国籍ではなく、インドネシア国籍者となったようである。

五八年、陳は廖文毅の台湾共和国臨時政府に加入し、東南アジア特使として台湾独立の宣伝活動を開始した。しかし、台湾独立の主張は中華民国の国民党政権だけでなく中華人民共和国の共産党政権も許容できないものであった。陳は共産党政権に融和的な政策をとったインドネシアのスカルノ政権により逮捕、投獄され、釈放に際して妻子を残したまま、国外に追放された。これが五九年六月頃のこととされる。陳は日本の廖文毅のもとに身を寄せようとし、スイスの航空会社の旅客機で日本に向かったが、日本政府は入国ビザを持たない陳の入境を認めなかったため、スイスの国際難民キャンプで保護を受けることになった。

陳はスイスでパスポートを取得し、日本の駐スイス領事館で訪日ビザを取得して、五九年八月に日本への入国を果たした。しかし、同年一二月、入管（法務省入国管理局、現出入国在留管理庁）は不法残留として陳の身柄を収容し、台北へと送還した。東京入管事務所が新聞の取材に対し答えたところによれば、入管は陳に対し「入管が中国（中華民国）大使館から聞いたところでは国府（中華民国政府）当局に同氏を逮捕、もしくは処刑する意図がない」との説明を行い、陳は「自発的に」台北に向かったという（『朝日新聞』一九五九年一二月四日夕刊）。

蘇瑤崇の研究によれば、日本の国内法には、中華民国籍ではない陳を台湾に強制送還する根拠はなかった。にもかかわらず、日本政府は蒋介石政権に対する外交上の配慮から陳を秘密裏に逮捕し、台湾への送還を強行した。そのうえで、陳は自発的に台北に向かったと事実に反する説明を行ったのである。

国民党政権は日本政府に対する配慮から、屏東に戻った陳をすぐに処罰することなく、取り込みを図ったとの説もある。しかし、実際には陳は政府当局から監視を受け続け、ついには反乱罪で起訴され死刑となり、六三年に銃殺された。陳の罪状のなかには、戴村沢、蕭坤旺という人物と意気投合し、「同心社」という団体を組織して台湾独立のための運動を志したことが数えられたが、戴村沢は陳の同級生で、治安当局によって陳の監視を命ぜられた密偵であった（蘇瑤崇「外交謀殺――論『台独烈士』陳智雄案」）。

軍事法廷において、陳は中華民国の「国語」である北京語を拒み、台湾語（一般にホーロー語を指す）で答え続けたという（陳五郎「台湾独立運動の志士、陳智雄の死」）。同じ政治犯として獄中で陳と出会った柯旗化（一九二九‐二〇〇二）は、陳を「私が見たうちでもっとも勇敢だった人」と評し、死刑執行の朝、「二人の看守は、『台湾独立万歳！』を絶叫する彼の口に雑巾を押し込んで口を塞ぎ、錐《きり》で彼の肩を刺した」と証言している（柯旗化『台湾監獄島』）。

陳は今日、台湾独立運動のなかで最初に処刑に遭った烈士と評価されることもある。次章で論じるように、一九六〇年代にも台湾独立活動家の日本から台湾への強制送還問題が発生するが、当事者の処刑にまでは至らない。その原因について、先に引いた蘇瑤崇の研究は、国際社会から救援のための声が上がったかどうかが大きかったのではないかと分析している。

自由中国事件

国民党による弾圧の対象は、五〇年代までは共産党のスパイ容疑が主であった。しかし、六〇年代にはいると台湾独立運動の比重が高まっていく。その分水嶺となったのは、六〇年に発生した「自由中国事件」であった。

反乱鎮定動員時期臨時条項下の台湾では、新聞の発行制限に加えて政党の新規結成も規制されていた。大陸時代の中華民国憲法制定時に国民党に協力した中国青年党と中国民主社会党の二政党だけは、中華民国の台湾移転後も合法的に存在を許されていたが、その影響力は後に「便所の花瓶」程度と揶揄されることもあった。

そのようななか、蔣介石政権を批判する重要な言論空間として、『自由中国』という政論誌が重要な役割を果たしていた。同誌は自由主義者である胡適（一八九一―一九六二）を発行人、雷震（一八九七―一九七九）を社長として一九四九年に台北で創刊されたものである。共産主義への対抗を主旨とする一方、自由主義の理念を強調し、大きな影響力を持った。同誌は五〇年代を通じ、民主政治の理念を実現するためには国民党と競争する「反対党」の成立が不可欠だとの主張を強めていく。

六〇年、雷震が「中国民主党」という政党の結成を呼びかけると、自由主義を標榜する外省人のほか、本省人の台湾省議会議員らも同党に参画するという、大きな政治的うねりが発生した。なお、国民党政権は中華民国憲法にのっとった政治を行っていることを自らが合法的な中国政府であると主張するための重要な根拠としていたので、憲法の規定により一定の地方自治を認めていた。そのため、本省人のエリートのなかには、省議会議員やその下級の県長、市長、県市議会議員の地位を得ている者がいたのである。

ところが、同年九月、政府は雷らを反乱罪の疑いで逮捕した。雷は軍事法廷で一〇年の懲役刑を宣告されて入獄し、『自由中国』は廃刊となった。この一連の事件は自由中国事件と呼ばれる。

この事件の結果、外省人による民主化運動は勢いを失い、以後の反体制運動は本省人が主な担い手となっていった。また、民主化による体制改革運動が挫折したことから、もはや蔣介石政権を転覆させるしかないと考え、台湾独立運動に関心を持つ人も増えていった。

台湾独立運動の弾圧

五〇年代から六〇年代にかけての時期、台湾独立運動の中心は日本にあった。王育徳（一九二四－八五）、黄昭堂（一九三二－二〇一一）らは六〇年に台湾青年社を結成し、日本語の機関誌『台湾青年』を発行して運動を牽引した（同団体は六三年に台湾青年会、六五年に台湾青年独立聯盟に改称）。また、史明（一九一八－二〇一九）は東京池袋で中華料理店を営みながら武力革命を志すとともに、六二年には『台湾人四百年史』を日本語で書き上げ、後の世代に大きな影響を与えることになる。

この間、台湾内部では独立運動への弾圧が激化していった。その背景には、アメリカの外交政策が変化したことにより、国民党政権が体制維持への不安を高めたことがあったとの推測がある。アメリカはそれまでも台湾海峡の分断を固定化し、その状態を維持する政策をとってきていたが、国連においては中華民国政府の議席を確保し、中華人民共和国の加盟を阻止する方針をとっていた。ところが、五〇年代、六〇年代を通じて中華人民共和国は国際社会での存在感を次第に高めていった。そのため、アメリカ政府はケネディ政権期（一九六一－六三年）に入り、中華民国の議席を残しつつも、中華人民共和国政府にも国連に参加する道を開く道を模索し始めたのである。

これは、国際社会に中華人民共和国と台湾の中華民国とを共存させようという、いわゆる「二つの中国」を目指すものであった。また、アメリカ国内にはかねてより、台湾を中華民国ではなく台湾という国として独立させた上で中華人民共和国と共存させる「一つの中国、一つの台湾」の考え方もあった。そのため蔣介石政権は、中華民国が「一つの中国」として大陸中国と台湾の統一を実現させるという理念を守るためにも、台湾独立運動やそれを支持する国際世論を封じる必要に迫られていたのである。

　実際、六〇年代の台湾では、台湾独立運動に対する厳しい弾圧事件が発生している。六一年、雲林県議会議員の蘇東啓（一九二三－九二）は、同議会において『自由中国』発行人の雷震に特赦を与えるよう総統に請願する提案を行い、通過させた。これとの直接の関係は不明だが、蘇は同年九月、海軍陸戦隊の不満分子を主力とするクーデターを実行しようとしたとの罪で逮捕され、無期懲役刑となった（蔣介石の死後に減刑され七七年釈放）。これは今日では、十分な証拠のない不当判決であったと見なされている。なお、この事件では蘇を含む五〇人が投獄されたが、その中の数人は後に七〇年に脱獄して武装蜂起を試みる「泰源監獄事件」を引き起こす。

　このほか、後に民主化運動のリーダーの一人となり、民進党の党主席も務める施明徳（一九四一－）は六二年に逮捕され、無期懲役となっている（後に減刑により七七年釈放）。前述の日本で台湾独立運動を主導していた廖文毅は、台湾の私財を国民党に差し押さえられ、さらには甥の廖史豪らに死刑判決が下ったことから、国民党からの投降の求めに応じ、六五年に独立運動を放棄して台湾に戻った（陳儀深『認同的代価與力量』）。

台湾人民自救運動宣言

六四年、国際法学者の彭明敏（一九二三－二〇二二）らが「台湾人民自救運動宣言」なる文書を起草し、頒布を試みたところ事前に露見し、有罪判決を受ける事件が発生した。前述の蘇東啓や施明徳らは、強い台湾独立志向を持った人物だったとはいえ、その罪状は多分に恣意的なものだったことが分かっている。これに対し、彭明敏らの起こした行動は、きわめて明確な台湾独立の主張を行うものであった。

彭は日本統治期の台中に生まれ、戦中は東京帝国大学で学び、第二次世界大戦後に台湾大学を卒業した。その後、カナダのマギル大学に留学して国際航空法を修め、さらにパリ大学で法学博士号を取得し、五四年に台湾に戻った。国民党は国際的に著名な研究者となった彭の取り込みを図ったが、彭は国民党への入党を拒んだ。

そして六四年、彭は謝聰敏（一九三四－二〇一九）、魏廷朝（一九三五－九九）とともに、前述の「台湾人民自救運動宣言」を起草・印刷し、台湾の各界有力者への頒布を試みた。その内容は、台湾の「台湾人」と「大陸人」が協力して蔣介石政権を覆し、自由で民主的な新しい国家と政府を樹立しようと訴えるものであった。しかし、計画は事前に露見し、彭は逮捕され、有罪判決を受けた。これに対し、彭と親交のあったアメリカの国際政治学者のキッシンジャー（Henry Kissinger, 一九二三－）らが声を上げたのに加え、アムネスティ・インターナショナルも蔣介石に特赦を求めたことから、彭は六五年に釈放される（国立政治大学図書館特蔵管理組編『去郷懐国』）。しかし、その後も自宅軟禁状態に置かれることとなった。

　彭は民主化後の台湾で政治の表舞台に立つことになるので、それを先に確認しておきたい。七〇年、彭はアムネスティ・インターナショナルを通じてスウェーデン政府に政治庇護を求め、台湾からストックホルムへと脱出し、さらにアメリカに亡命する。彭の脱出成功のニュースは台湾独立活動家を鼓舞し、前述の泰源監獄事件のきっかけとなったともされる。その後、彭は北米を拠点に台湾独立運動を推進し、九二年にようやく指名手配が解除されて台湾に戻ることになる。九六年の台湾初の総統直接選挙で、彭は民進党の候補者として立候補する（当選したのは国民党の李登輝）。

　彭の台湾独立思想に関して、一つ興味深いエピソードがある。彭は五〇年代初めのカナダ留学の二年目、規定により奨学金が切れた。すると、ニューヨーク在住の胡適が、匿名の経済支援者を斡旋した体を装って自ら経済支援を行ったというのである。台湾の歴史家である李筱峰（一九五二－）は次のように評しており、台湾の独立運動が決して中国大陸の思想的脈絡と完全に隔絶されたものではないことを教えてくれる。

> 中国から来た胡適は、台湾独立を主張したことはなく、その国家アイデンティティは当然ながら大中国であった。しかし、胡適の恩恵を受けた彭明敏および、胡適の啓蒙を受けた私の追求する台湾独立の根本的な立場は、胡適の自由主義の立場と少しも違わない。
>
> （李筱峰「胡適、彭明敏與我」）

民主台湾聯盟事件

六六年、中国ではプロレタリア文化大革命（文革）がはじまった。この運動は、今でこそ毛沢東が政敵にしかけた権力闘争をきっかけに、中国の人びとを大きな混乱に陥れた問題としての側面がよく知られている。しかし、当時は中国国内だけでなく、日本をはじめ海外においても、毛沢東は偉大な革命を行っていると受け止める人びとが多く現れた。なぜなら当時の国際社会では、ベトナムで非人道的な戦争を続けるアメリカや、独裁体制のソ連への反感が広がっていたためであった。

これに対し台湾の蔣介石政権は、共産党が古い思想の打破を訴えて求心力を高めているのに対抗するため、伝統的な中華文化の保護者としての姿勢をいっそう強調していった。今日の台北観光の目玉の一つとなっている故宮博物院は、文革発動前年の六五年に現在の場所でオープンし、台湾で中華文化が保存されていることを内外に宣伝するための重要な施設となった。

六〇年代の台湾では、台湾独立運動に対する弾圧の比重が増していったと先に述べた。しかし、国民党政権は共産主義への警戒も決して緩めたわけではなかった。六八年、新進気鋭の作家であった陳映真らが逮捕、投獄される「民主台湾聯盟事件」が発生する。

陳映真（一九三七－二〇一六）は、日本統治期の台湾北西部の新竹に生まれた。父はキリスト教の牧師で、本人も九歳から台湾聖教会の集会に通う敬虔な信者であったとされる。小学生時代に日本の敗戦を迎え、新たに中国語を学ぶために魯迅の小説に出会うと、国民党が魯迅ら進歩派の作家を好んで読む知識人らの拘束を進めるようになった後も、密かに愛読を続けた。また、古書店で出会った茅盾や巴金といった三〇年代の作家を通じて、中国革命への理解を深めたという（陳映真「魯迅と私」）。

台湾報道文学の先駆者として知られる、陳映真　©中央社

陳は淡江文理学院外国語学科在学中の五九年、「麺攤〔麺屋台〕」を発表して小説家としての活動を開始した。卒業後、陳は六三年より台北市内の強恕中学の英語教員となり、六六年には転職してアメリカ系企業のファイザー製薬で広告業務などを担当する（季季『行走的樹』）。この間、陳は強恕中学の同僚だった李作成（一九三一－九三）の紹介で台湾大学の知識エリート層と知り合い、六四年より日本からの研修生として台湾に留学していた外交官の浅井基文（一九四一－）が借りて住んでいた一軒家に集って思想交流を深めていった。

浅井は、本人の回想によれば、アメリカ覇権主義反対を前面に掲げていた社会主義の中華人民共和国に対して素朴な好感を覚える外交官であった。当時は国交もない「敵性国家」であった中国に行けないことから、浅井は蔣介石に強い反感を抱きつつも、語学習得のためと割り切って台湾を研修先に選んだ（浅井基文「私における陳映真と1960年代の台湾」）。

このとき浅井は、語学を学びつつ社会主義・中国についても理解を深めたいとの考えから、レーニン選集、マルクスとエンゲルスの主要な著作の文庫版、日本語版の毛沢東選集、魯迅の二、三の著作、中国語版の毛沢東選集を台湾へと持ち込んだ。蔣介石独裁のもとで「これらの本は禁書だ」という程度の知識はあったが、「いわゆる外交特権で入国に際して携帯品をチェックされることはないからかまわない、という軽い気持ち」だったという。

台北に広めの一軒家を借りた浅井は、中国語学習のため、その前後に友人になっていた李作成に家庭教師として同居してもらった。これがきっかけとなり、浅井は陳映真と知り合い、浅井宅は陳や陳を慕う友人たちが集う場となっていった。陳がギターを弾きながら「ムーン・リヴァー」を歌って聴かせるなど、非常に和やかな雰囲気だったようである。当時の彼らの思想について、浅井は次のように振り返る。

私の部屋にある社会主義関係の文献は、外に持ち出すのは危険すぎるので、彼らは私の部屋で個人、個人で読むという感じだったと思います。彼らに共通していたのは、外省・本省という区別（差別感情）からは無縁で、中国統一という志・ナショナリズムにあった、というのが当時の私の印象でした。

（浅井基文「私における陳映真と1960年代の台湾」）

陳映真の入獄

浅井は六五年に研修期間を終えて台湾を離れたが、その際にこの左翼書籍は外務省での後輩の加藤紘一の学習のために残していった。陳はその後も、李作成や丘延亮（一九四三ー）らとともに読書会を何らかの形で続けたようである。六八年五月、陳映真は台湾警備総司令部（中華民国国防部の秘密警察組織）に逮捕された。さらに、逮捕されたのは陳だけでなく、翌月にかけて三六人が逮捕され、そのうち一四人が有罪判決を受ける事態となった。罪状は、「民主台湾聯盟」という組織をつくり、政府転覆を図ったという内容であった。

ただし、この事件で逮捕・投獄された丘が後にインタビュー調査に答えたところによると、彼らに下された判決書は大部分が捏造で、実際には「民主台湾聯盟」などという正式な組織はなかったという。陳が精神的リーダーとして仲間集めをしていたのは事実のようだが、逮捕されたメンバーの中には互いに知らない者も多く含まれていた（李勇「陳映真入獄事件考論」）。陳映真自身は、後に魯迅を読み、その文学について語り合ったことが投獄された原因だとも説明している。

判決書によれば、陳らは共産分子である浅井により、左翼書籍の学習を続け、組織をつくるよう指示されたということになっている。これについて、浅井は次のように述べる。

あるいは、私が後輩に託した文献を彼らが危険を冒して引き取り、読書会を行うようになったかも知れません。しかし、私が理解するかぎりでは、彼らが逮捕された後に、後輩が引き継いでいた文献を在台湾日本大使館が没収したとも聞いていますので、そうであるとすれば、読書会を組織したという罪名はやはり台湾当局のでっち上げだったのではないか、と思います。

（浅井基文「私における陳映真と1960年代の台湾」）

罪名がでっち上げだという点は、先の丘の証言とも合致する。ただし、陳と親交のあった作家の季季（一九四四－）が丘から聞き取ったとする話によれば、丘が逮捕された後、警備総司令部の人間は一山の証拠を出してきた。そのなかには、日本の研修外交官の家で読んだ毛沢東選集や資本論、三〇年代の作品が含まれていた。丘は「もし日本の外交官が提供したのでなければ、それらが警備総司令部の手元にあるはずはない」と疑問を呈したという（季季『行走的樹』）。

この事件は、大規模な逮捕であったにもかかわらず、台湾内部ではしばらく報じられな

国家人権博物館 白色テロ景美紀年園区（新北市）に残されている当時の軍事裁判所（著者提供）

かった。それは、一説には蒋介石一族の内紛にかかわっていたからとされる。丘の姉の丘如雪（一九三四－）は蒋経国の弟の蒋緯国（一九一六－九七）の妻であり、丘の逮捕は兄の蒋経国が蒋介石の後継者争いで優位に立つために仕掛けたとする見方である。

もう一説には、日本との外交関係が絡んでいたためだとされる。浅井の回想のなかには、次のような証言がある。

今はもう時効になっていると思うのでご紹介しますが、当時、国民党政権はかなり強烈に、私の扱いについて外務省にプレッシャーをかけたようです。私自身辞職を覚悟しましたし、上司に辞職を申し出た記憶があります。私の上司が剛胆な人で国民党政権のプレッシャーをはねのけてしまい、私は中国課から配置換えということで台湾側の要求に一定の配慮を示しつつ、外務省内の人事としては、「出世コース」といわれていた条約局条約課に「転出」することで私に「傷がつかない」処置がとられて一件が終わりました。もし日台国交関係が１９８０年代まで続いていたら、私が外務省中国課長になることはあり得なかったでしょう。

（浅井基文「私における陳映真と１９６０年代の台湾」）

前述のとおり、当時の蔣介石政権は「中国か台湾か」、厳密にいえば「共産党か国民党か」という二者択一を国際社会に迫り、いかにして自らへの支持を確保するかを深刻な課題としていた。その時代背景に鑑みれば、陳映真らを逮捕することで日本外務省内部の親共産党派を気まずい状況に追い込み、日本国内の親国民党派に有利な状況を作りだそうという意図が、国民党側にあった可能性は大いに考えられる。清水麗の研究によれば、日本が国交のない中華人民共和国との間で六二年に半官半民的な「ＬＴ貿易」を開始した後、「中華民国は日本政府の反共姿勢の弱さや、日本の世論が日本政府の中国接近政策に強く反発しない状況にあることを認識したうえで、日本政府の姿勢にかなり強い懸念をもちつつも外交レベルにおいて関係改善を演出し、反共闘争などの別の次元でその打開策を展開しようとしていた」という（清水麗『台湾外交の形成』）。しかし、浅井の証言に基づけば、日本外務省はむしろ国民党の圧力をはねのけている。この日本政府の態度は、国民党政権にとってかえって大きな圧力となったのではないかとの指摘もある（李勇「陳映真入獄事件考論」）。

事件の真相は不明な点が多く、陳自身も多くは語っていない。陳が逮捕された直接の原因は、親しく付き合いのあった文芸記者による密告であったとされる。陳は結局、一〇年の懲役刑となり、七〇年に台東の泰源監獄に収監された後、離島である緑島に移送された。この間、陳は長らく獄中につながれてきた政治犯たちと出会い、後に五〇年代の反共粛清の歴史を題材にした作品を完成させることになる。

七五年、陳は蔣介石の死去にともなう特赦により釈放される。後に浅井が陳と再会を果たした折、陳は浅井を一切責めなかったという。浅井は台湾での研修時代から陳に対して深い敬愛の情を持っており、事件後は罪悪感を抱き続けてきたという。陳も浅井との出会いを決して否定的に振り返っておらず、両者の間の友情は双方の回想から確認することができる（陳映真「裏道――陳映真の創作歴程」）。二〇一一年に台北で開かれた講演会において、浅井は自身の行為によって三六名の逮捕者が出てしまったことに深い謝罪の意を述べている。

映画『返校』をどう見るか

二〇一七年、台湾の赤燭遊戯というゲーム制作グループが『返校――Detention』というパソコンゲームをリリースし、内外のゲームファンの間で大いに注目を集めた。同作品は、戒厳令下の白色テロを題材とするホラー作品であった。一九年には徐漢強《ジョン・スー》監督作品『返校――言葉が消えた日』として映画化され、台湾で大ヒットする。

なお、ゲームの方は映画化以前から日本語翻訳版があり、家庭用ゲーム機などでも遊べる（たとえば Nintendo Switch 版は二〇一八年配信開始）。映画版は原作ゲームの内容を一部改変しているものの、人物設定等を忠実に再現するなど、原作のストーリーを非常に尊重している。そのことは徐監督のインタビューや、原作ゲームのプロデューサーである姚《ヤオ・》舜庭《シュンテイン》の徐監督に対する高い評価からもうかがい知ることができる。

あらすじについての詳述は避けるが、物語の舞台は廃墟となりお化け屋敷と化した高校で、主人公はどういうわけか敷地内に閉じ込められて出られなくなっている。話が進むにつれて、その原因には、どうやらこの学校で一九六〇年代に発生した秘密読書会の摘発事

ホラーゲーム『返校』のプレ画面より

件がかかわっていることが分かってくる。

ゲーム作品が話題となり、映画化されるにあたり、台湾の鄭麗君文化部長（大臣）は、政府として全力で支持するとの考えを示した。映画は二一年には日本でも公開され、テレビの報道番組や新聞で紹介されるなど話題を集めた。

このような事態の過熱を重く見たのか、文芸評論家で明治大学教授の丸川哲史は「『白色テロ』記憶の耐えられない曖昧さ」と題して、一九年の映画版に対する評論を発表している。丸川は、本作品のストーリーそのものや、配給会社の宣伝文句も含めて、白色テロの「左翼狩り」としての歴史が適切に描写されていないことを問題視し、次のように述べた。

白色テロの記憶が曖昧になったのは、第一に、国民党政権による戒厳令下の弾圧（処

> 刑）によるわけだが、その弾圧が出て来る要因としての左派勢力の記憶が、当事者（左派勢力）の社会からの消失とともに、また今日のその時代への関心の低さによって掻き消され、曖昧にされてきた——この事態こそが問題なのだ。
>
> （丸川哲史「『白色テロ』記憶の耐えられない曖昧さ」）

この点と関連して、丸川は映画『返校』が「大陸中国の思想的脈略」を「否認している」とも指摘する。どういうことかと言えば、映画の時代設定が一九六二年であることに鑑みれば、六〇年の自由中国事件や、六八年の民主台湾聯盟事件が「知ることのできる歴史」として想起されるにもかかわらず、映画の中では「政治」や「思想」が曖昧なもの、何か分からないものとして扱われているというのである。丸川は、「台湾の白色テロの記憶は実は抑圧され続けている」として、次のように述べる。

> 本作『返校』のミステリーの中核にある「秘密読書会」が読んでいたのは、作品の中では、果たしてマルクス主義の本ではなくタゴールであり、また魯迅ではなくて厨川白村であった。タゴールと厨川白村が当時「禁書」となっていたとは考えにくい。〔略〕

> 六〇年代の白色テロの対象は先に挙げた陳映真の事件〔民主台湾聯盟事件〕が示すように、まさに「思想」であった。すなわち、本作品においてはその「思想」が、制作者たちのフィーリングで決められてしまっているのである。〔略〕いずれにせよ、政治的恐怖が顔を出した瞬間において、それはもはや「政治」ではなく、いわば「政治」の抜け殻となっている。〔略〕
>
> 本作品『返校』が多くの人びとの間で流通する主要動力は、〔略〕歴史から引き剝がされた抽象化された美男、美女の話である。
>
> （丸川哲史「『白色テロ』記憶の耐えられない曖昧さ」）

白色テロの記憶は曖昧か

民主化後の台湾において、「左翼狩り」や「大陸中国の思想的脈略」の記憶が抜け落ちているのではないかという丸川の問題提起自体は非常に重要であると筆者は考える。しかし、映画『返校』は実際のところ、丸川が非難するほど歴史に無頓着ではないようにも思える。

徐監督はインタビューのなかで、「〔主要な登場人物である〕チャン先生が命に代えてまで守ろうとする本が、大正13年に発行された厨川白村の『苦悶の象徴』だった」のはなぜかという質問に対し、次のように答えている。

厨川白村さんの「苦悶の象徴」を選んだのは脚本家のアイディアです。〔略〕学生の為に命を犠牲にしてでも、自由な精神を失ってはいけないと諭す場面で出てくる重要な小道具です。自己犠牲の精神についても、この本の中で触れられているので、採用しましたし、そのことで挑戦したイメージを観客に伝えたいという意図があります。

映画の中では、インドの詩人、タゴールの本を持っているだけで、命に係わる事態を招くのですが、色々調べると、本の内容は全然問題ないのに、翻訳者のプロフィールのせいで発禁扱いされた本もあることを知りました。「苦悶の象徴」は翻訳者が魯迅だったので、ときの為政者から禁書にされたという歴史もあることを知っていただけたらと思います。

（金原由佳「台湾の闇の時代「白色テロ」を描いた大ヒットホラー映画『返校　言葉が消えた日』」）

この証言に基づけば、実のところ本作は、丸川が言うように民主台湾聯盟事件の記憶を曖昧にしたのではなく、むしろその「知ることのできる歴史」を下敷きにしたからこそ、魯迅を想起させる小道具として『苦悶の象徴』を採用したことにならないだろうか。

　翻訳史研究者の頼慈芸によれば、たしかに六二年を舞台にするのであれば、魯迅訳でさえなければ『苦悶の象徴』自体は禁書ではなく、タゴールの“Stray Birds”（邦題は『迷い鳥』）も鄭振鐸訳『飛鳥集』が禁書なのであり、五六年に台湾で出版された糜文開訳『漂鳥集』であれば読んでも問題なかったという。しかし、頼はこれらの点は小さな考証ミスに過ぎないとも指摘する（魯編「《返校》禁書有Ｂｕｇ？」）。台湾の観客にとっては、タゴールも「左翼狩り」や「大陸中国の思想的脈略」を想起させる記号になり得たと言えるのではないだろうか。

　また、徐監督は特に表明していないが、『苦悶の象徴』も陳映真の愛読書であったらしいことから、民主台湾聯盟事件を想起させる記号になりうる。筆者はそのことを、丸川が翻訳した陳の自伝的作品から学んだ（陳映真「裏道――陳映真の創作歴程」）。そこまで分かっている丸川による映画『返校』批判の核心は、「曖昧に匂わすくらいなら、もっと正面から陳映真を描くべきである」という部分にこそあるのかもしれない。

　ただ、これら小道具の時代考証に問題があるにしても、曖昧であることがある種の歴史的な正確さを表している面もあるのではないか。民主台湾聯盟事件では、陳の読書会とは関係のないメンバーまで逮捕・投獄されている。当人からすれば、陳と付き合いがあったとはいえ、民主台湾聯盟を組織したという罪状とは無関係な、よくわからない曖昧な理由で投獄されたというのが主観的な真実であろう。先に引いた徐監督のインタビューは、そのような実態に配慮しているように読める。

原作ゲームの迫力

このように、映画『返校』は決して歴史から引き剝がされた作品とは言えない。しかし、ここでさらに留意しておくべきことがある。それは、歴史上の具体的な事実を想起させるかどうかは、『返校』という作品にとって、おそらく主要なテーマではないということである。

そもそも、前述の厨川白村やタゴールをめぐる演出は、映画版が原作ゲームから一歩踏み込んで追加した部分である。原作ゲームに目を転じると、起動時に毎回かならず次の注意書きが英語で現れ、むしろ具体的な事件を描く意図はないことが明言されている。

このゲームで描かれる出来事や登場人物、組織は、幸いにも架空のものである。生死を問わず実在の人物、場所、あるいは実際の歴史上の出来事との類似があったとしても、それはまったくの偶然である。

この制作者の姿勢自体が、丸川が警鐘を鳴らす「記憶の耐えられない曖昧さ」に属すると言えばその通りなのかもしれない。たしかに、ゲーム版のプロデューサーである姚舜庭は、商業的な計算もあって「人間誰しもが恐怖心を抱いている」ことに注目し、ホラーゲームの開発に着手している。その結果として、「台湾の人々にとって最も普遍的な恐怖」である「白色テロ」を表現するという着想を得たという（tnhr「たった1本のホラーゲームが、なぜ世界を変えるに至ったのか？」）。

筆者がＳＮＳ上で目にした本作品に対する感想のなかには、実際に凄惨な経験をした被害者がいる白色テロをホラーゲームの題材とすることに嫌悪感を示すものもあった。しかし、制作者にとって、そのような反応は十分に予想されたはずである。作品を世に問うにあたり、制作者たちは細心の注意を払い、それが許されるための社会的なメッセージを込めようとしたとは考えられないだろうか。実際、姚は『返校』がここまでの社会現象となるとまでは予想していなかったようだが、当初からある種の「自分の考え」を表現できるゲームにしたいという思いはあり、仲間との議論を経て最終的に作品の形が定まったと述べている（キャナ☆メン「『返校』開発者に聞くインディーゲームの開発と映画化のポイント」）。

筆者がゲームを実際に遊んでみて感じたのは、シンプルな謎解き脱出ゲームとして非常に面白い上に、そのシステムがストーリーを味わうためにきわめて巧妙に設計されているということである。実際に起こった特定の事件を正確に描いていないことは主要な問題ではなく、同作品にはそれ以上の迫力があったというのが率直な感想である。だからこそ社会現象となって映画化までされたのではないだろうか。

白色テロ時代とどう向き合うか

これからゲームを楽しむ予定の読者のために詳述は避けるが、筆者がとりわけ見事な設計だと感じたのは、プレイヤーは過去に何があったのかを正確に明らかにしない限りゲームオーバーとなり、エンディングを見ることができないという点である。このシステムにより、本作品は「過去を直視する行動をとらないと、前には進めない」というメッセージを、脱出系ホラーゲームという軽妙な娯楽を通じてプレイヤーに重く問いかける。

このメッセージそのものは、ありふれたものに過ぎないかもしれない。しかし、本作品は嫉妬や密告といった人間の愚かさを必ずしも否定的に描いていないことにより、それが大きな惨禍をもたらしてしまうのは白色テロという時代背景のためであることを、かえってプレイヤーに印象づける。「過去はすべて水に流そう」という安易な決着を拒み、国家暴力の濫用に対する強い批判になっているというゲームの構造は、非常によくできている。

　筆者はこのゲームを遊び終えたとき、これは台湾社会が抱える深刻な問題を乗り越えるために、クリエーターたちが導き出した一つの解になっているとさえ感じた。その深刻な問題とは何か。筆者は先に二二八事件に関する戴国煇の議論を紹介するなかで、台湾社会には国家暴力が恣意的にふるわれる状況下で、誰かがそれを利用していることに対する怒りや、誰かがそれを利用するのではないかという猜疑心が渦巻いていたのではないかと述べた。これに加えて、おそらく台湾社会には、そのような状況を利用してしまった、誰かを巻き込んでしまった、といった罪悪感を抱えながら生きている人びとも多く存在しているのではないか。現在の台湾に生きる若者世代は、上の世代でこれらの感情が複雑に絡まりあっているなかで、新しい社会はどうあるべきかを考えなくてはならないのである。

　総じて、『返校』は台湾社会、とりわけ若者世代が、自身が経験したのではない政治弾圧やそれを背景とした密告社会について、単に加害者を追及するのではなく、加害者側を「自分自身のこと」として考えなければならないという姿勢を示した。そのメッセージを込めたことで初めて、白色テロを娯楽化した作品は社会から歓迎されたのではないだろうか。

ここまで言及してこなかったが、本作品には民間信仰のモチーフなど、台湾の習俗や文化の描写もふんだんに盛り込まれている。台湾の土着文化の振興は、民進党政権が重視する政策である。同時に、国民党による過去の政治的迫害に正面から向き合い、政府文書の調査・公開を推進するというのも、やはり民進党がきわめて重視する課題である（第五章参照）。その意味では、『返校』が社会現象となった背景には、政権による支持があったことも大きく影響しているだろう。

陳映真は、生涯にわたり台湾と中国大陸との統一を主張し続け、また資本主義のもたらす問題を告発してきた作家である（第四章参照）。ところが、ゲーム『返校』は、台湾独立志向の民進党政権から持ち上げられ、見るからにお金のかかった豪華作品として映画化された。その映画『返校』は、原作ゲームには存在しないにもかかわらず、陳を想起させるかのような小道具をちりばめた。これらの点に注目すれば、陳映真作品の翻訳を手がけてきた丸川が映画版に対して表明した怒りはもっともであり、私たちはきちんと耳を傾けなければならない。

しかし、それを差し引いても、二〇一〇年代後半から二〇二〇年代初頭にかけて起こったゲーム『返校』をめぐる社会現象は、今日の台湾がどのような課題に直面し、どのように乗り越えようとしているのかを理解するための一つの鍵であるように思う。

第三章　人権問題の争点化

一九五〇年代から六〇年代にかけての時期、北京の中華人民共和国と台湾の中華民国は、いずれも自らを唯一の合法中国政府であると内外に向けて訴えてきた。アメリカとソ連の対立が世界を覆う国際冷戦構造の下、アメリカは共産圏（社会主義国グループ）の拡大を防ぐため、蔣介石を指導者とする台湾の国民党政権を経済面、軍事面で支えてきた。アメリカにとって友好国を守ることには、国際社会のアメリカに対する信頼を勝ち取るためという重要な意味があった。しかし、蔣介石政権を支持することは、一方では台湾において国家暴力が多くの被害者を生み出しているのを黙認することでもあった。アメリカが政府の方針として人権外交を大々的に掲げるようになるのは、一九七〇年代後半のカーター政権以降のことである。

ただし、市民レベルでは、前章で論及した彭明敏の亡命問題で見られたように、アメリカや日本でも台湾の人権状況を憂慮する声や救援活動はあった。台北出身でアメリカのウィスコンシン大学に留学していた黄啓明（一九三一－）という人物は、台湾に一時帰国時に逮捕され、同大学で台湾独立運動に参与したことを理由に、六七年二月に禁固五年の判決を受けた。しかし、同大学から救済の声が上がり、国民党政権が彭の事案と同様に対米関係に配慮したこともあり、黄は保護監察三年に減刑され釈放された。

六〇年代の国際社会では、中華人民共和国が実質的に中国大陸を統治しているにもかかわらず、国連議席を有していないことを疑問視し、その国連加盟を支持する国が増えていった。その背景には、共産党政権の外交努力に加え、同時期に独立を果たしたアフリカの新興国が国連に加盟し、総会での影響力を拡大していたという事情もあった。この頃、人民共和国はソ連との間の摩擦を強めていっていたが、共産圏はアメリカとの対立という局面ではまだ人民共和国を支持していた。七一年、国連総会は蔣介石政権と代わって人民共和国を唯一の合法中国政府と見なすことを決議する。これにより台湾の中華民国は国連での議席を失い、蔣介石政権は脱退を宣言した。

国民党政権は、このように民国が国際社会で劣勢な立場へと追い込まれていく間も、反体制勢力に対する厳しい弾圧を続けていた。そこで本章では、六〇年代後半から七〇年代初頭にかけ、台湾内外の反国民党運動がどのように人権問題をめぐる国際関係と結びついていったのか、日本の動向を中心に見ていきたい。

在日台湾人社会と台湾独立運動

日本は一九五二年に日華平和条約を結び、戦後の国際冷戦構造のなかで台湾の中華民国との国交を維持する一方、一九四九年に中国大陸に建国された中華人民共和国とは国交を樹立しなかった。しかし、日本政府は中国大陸との関係も一貫して重視しており、民間レベルでの経済や文化面での交流は紆余曲折を経ながらも拡大させていった。岸信介政権期の五八年に発生した長崎国旗事件により関係は一時断絶するが、続く池田勇人政権期（一九六〇－六四年）には準政府的なLT貿易が始まる。すると、これに不満な台湾の国民党政権は、一時は日本との断交も辞さない厳しい態度で臨んだ。

日本は七二年に人民共和国との間で「国交正常化」を果たす。これにともない、民国とは断交し、台湾との関係はあくまで民間の交流として維持していくこととなった。しかし、そこにいたるまでの間、日本政府は民国政府を中国政府と見なし、国民党政権との関係維持にも腐心していた。

国民党政権はかねてより、日本における台湾独立運動が中国共産党と結びつくことを強く警戒していた。国民党政権はスパイを通じて日本における台湾独立運動を監視する一方、日本政府の台湾独立運動に対する取り締まりが不徹底であることを不服としていた。そのため、六〇年代の国民党政権は、日本で活動する台湾独立派や親人民共和国的な左派の青年を切り崩し、取り込むため、それらの人びとを台湾に帰国させるよう、日本に働きかける方針をとっていた（清水麗『台湾外交の形成』）。その結果、それまで日本を中心としていた在外台湾人による台湾独立運動は、七〇年代に入ると北米を中心として展開されるようになっていく。

台湾に帰れば政治犯とされかねない人物を日本政府が台湾に送還してしまうことは、当事者やその支援者からすれば、日本政府が国民党政権の抑圧的な政治を黙認することと同義であった。そのため、六〇年代後半に表面化したいくつかの在日台湾出身者の台湾への送還事件は、人権問題として大きな議論を呼ぶことになった。

日本における台湾独立運動が共産党と結びつくことに対する国民党の警戒は、反体制勢力を取り締まるための口実という側面も多分にあったとはいえ、まったく根拠がないというわけでもなかった。たとえば、四九年に日本に亡命し六〇年代以降の台湾独立運動を牽引した王育徳は、高校時代から社会主義理論を自発的に学んでいたことを公言していた。王は、台湾民主自治同盟を結成して共産党による人民共和国建国に協力することで台湾の自治を追求した台湾出身者である謝雪紅に対して同志的連帯感を持っていたが、五七年に中国で展開された反右派闘争により謝が粛清されたことを聞いて、台湾独立運動に力を注ぐようになったとされる（森宣雄『台湾／日本――連鎖するコロニアリズム』）。

日本において言語学の研究を進めていた王は、台湾における外省人による政治支配に対し、大衆が台湾語を書けるようになることで活発な対話や批判を生み、公論を通じて不公正な政治状況を変革していくことを希求していた。五〇年代前半までの共産党政権内には、中国語諸方言や少数民族の言語など多様な第一言語を尊重し、それぞれの書記言語を創ろうとする動向が存在していた。しかし、王は旧知の台湾出身の言語学者で人民共和国に亡命していた陳文彬（一九〇四－八二）が厳しい境遇にあることを聞き知ったことに加え、五五年には人民共和国の全国文字改革会議が北京語音を基礎とする「普通話」を全国民に普及させると決議したことから、失望を深めたとの分析もある（都留俊太郎「台湾語 王育徳における大衆と『チャンポン語』」）。

台湾出身者の不安定な法的地位

国民党と共産党の対立が在日台湾出身者の社会に及ぼした影響はきわめて複雑であった。四七年の二二八事件により国民党政権への反発が強まったことで、在日台湾出身者の社会では左傾化が進んでいた。五〇年代にいちはやく人民共和国への支持を打ち出した在日中国系住民団体である東京華僑総会は、大陸出身者よりも台湾出身者が指導層の多数を占めていたという。

その理事の一人で、台南出身の医師であった石蔵江（一九一四－七七）という人物は、六〇年代に「反華僑」的だとされて同会から排除された後、六二年頃より王育徳ら台湾青年社（第二章参照）の活動を支援するようになる。石は戦前から日本に在住しており、戦後になって旧植民地出身者として日本国籍を喪失していたが、日本での在留資格が不安定であるという点で、王のように戦後に日本に渡って反体制的な政治活動を行っている人びとと問題意識を共有している部分があった。

六五年に日本と韓国が日韓法的地位協定を結び、朝鮮半島出身者に日本での永住資格取得の道を開くと、石は六七年に「台湾人権利擁護総連合会」を東京に設立し、在日台湾出身者の法的地位の改善に向けた結束を呼びかけた。石は次第に台湾独立運動に傾倒していく人物であったが、同会は「党派を問わない」という入会条件を定めていたため、国民党から人民共和国支持派とレッテルを貼られていた在日台湾出身者とも互いに協力する形となった。

同会は在留資格問題だけでなく、台湾人元日本兵の補償問題についても声を上げ、日本の台湾からの引揚者団体である台湾協会の協力も得て、六七年から七〇年にかけ四回にわたり「戦没台湾人合同慰霊祭」を実施している。その会場は六七年と六八年が東京の増上寺、六九年と七〇年が靖国神社であった。台湾人元日本兵をめぐる問題は、日華断交後の七四年、台湾原住民族のアミ族で高砂義勇隊の日本兵として出征したスニヨン（日本名：中村輝夫、漢名：李光輝）がインドネシアのモロタイ島で救出されたことを契機に問い直され、法学者で明治大学教授の宮崎繁樹（一九二五－二〇一六）や王育徳らが補償を求める運動を牽引したことで知られる。その運動には、石らによる六〇年代の取り組みを基盤として機能した側面があるとの指摘もある（岡野翔太「華僑から『台湾人』へ」）。

石は七〇年代に入ると、廖文毅が六五年に台湾に帰郷して国民党に投降した後の台湾共和国臨時政府（第二章参照）の活動に参画したようだが、同団体の台湾独立運動はすでに求心力を失っていたようである。一方、王育徳らが六〇年に設立した台湾青年社は、六三年の「台湾青年会」への改称を経て、六五年からは台湾青年独立聯盟として活発な活動を続けていた。同じく日本を拠点に台湾独立運動の地下活動を行ってきた史明は、台湾島内で武力革命を成功させることを重視し、台湾青年独立聯盟とは距離をとり、六七年に新たに「独立台湾会」を立ち上げている。

台湾出身者の強制送還問題

日本在住の台湾出身者の法的地位の不安定さは、六〇年代後半に入り、台湾への強制送還を拒否する入管問題を通じ、大きな注目を集めていくことになった。

台北出身の呂伝信（一九二五－六七）という人物は、蔣介石政権の圧政への反発から台湾で国民党軍の兵器庫を爆破し、その直後の六〇年に商用ビザで来日した。日本滞在中に台湾での事件の関与が発覚したため、呂は帰国できなくなり、ビザが切れたまま日本に残った。六四年、呂は入管に自首して法務大臣による特別在留許可を申請し、一時的な日本滞在が認められる「仮放免」となったが、六七年二月に特在が不許可になったと告げられ強制収容された。三月二日、翌日に台湾に強制送還すると告げられた呂は、その日の真夜中に横浜の入管事務所で自ら命を絶った。

この事件が日本で台湾独立運動を行っている人びとに与えた衝撃は大きかった。同年八月、台湾青年独立聯盟の幹部である林啓旭（一九三五－九五）と張栄魁が強制退去を命ぜられて品川の東京入管事務所に収容されると、林と張は仲間とともに決死のハンストに入り抗議した。この問題に対し、台湾青年独立聯盟から助力を求められた日本の著名な作家、学者、国会議員らは抗議の声を上げ、また東京地方裁判所は裁判の判決確定まで二人の強制送還の執行を停止するよう命じた。最終的に二人は、同年九月九日に佐藤栄作首相が訪台から帰国した直後に釈放された（宗像隆幸『台湾独立運動私記』）。

台湾では同年八月、林水泉（一九三六－二〇二三）ら台湾独立運動家が一斉逮捕される事件が起こっていた（「全国青年団結促進会事件」）。この事件では、東京大学の留学生である顔尹謨（一九四〇－二〇一九）と劉佳欽（一九三五－）も帰国中の台湾で逮捕された。実は顔は、六六年に来日する以前から国民党のスパイによる監視を受けており、日本において施設爆破や要人暗殺を含めた国民党政権転覆の構想を語ったことなどが筒抜けであったとされる（林樹枝『台湾事件簿』）。顔は史明の独立台湾会の結成メンバーとなり、台湾と日本の間の連絡役も務めていた（史明『１００歳の台湾人革命家・史明 自伝』）。

顔と劉の二人が台湾の軍事法廷で死刑を求刑されたとの報を受け、顔の指導教授である芦部信喜らは抗議の声を上げた。芦部を会長として東京大学に設立された「劉・顔君を守る会」は、その趣意書に「起訴状の事実があったとしても、われわれは、民主国家ならばなんでもない政府批判のかどで、われわれの学友である前途有為な青年が殺されるのを黙って見過ごすことはできません」と書いた。おそらくこの「外圧」が奏功し、六九年一二月に台湾の軍事法廷で下った判決では、顔が懲役一五年、劉は懲役八年となった。なお、民主化後の台湾において歴史の見直しが進んだ結果、両者の有罪判決はすでに取り消されている（第五章参照）。

陳玉璽・柳文卿事件

国民党が日本における台湾独立運動に対する圧力を強めていたことに対し、日本社会でそれを問題視する声が上がり始めると、その批判の矛先は次第に、日本政府が蔣介石政権に協力的な姿勢をとっていることに対しても向けられるようになっていた。

六八年二月九日、陳玉璽（一九三九–）という人物が、日本から台湾へと強制送還される事件が発生した。陳は台湾中西部の彰化出身で、台湾大学を出て台北市の銀行に勤めた後、ハワイ大学に留学し経済学を学んだ。ところが、アメリカでの博士課程進学を前に、中華民国政府より留学継続申請を却下されて帰国を命ぜられた。陳はベトナム反戦デモに参加するなど、親人民共和国的な政治姿勢を示していたためだとされる。台湾に戻れば投獄されると考えた陳は、六七年八月に観光ビザで日本に入国し、ジャーナリストの川田泰代（一九一六–二〇〇一）らの保護を受けながら、法政大学大学院で学ぶ道を模索していた。陳はオーバーステイで仮放免の身分となっていた六八年二月八日、品川の東京入管事務所に出頭するよう指示され、そのまま強制収容され、翌日台湾へと送還された。

陳に続き、六八年三月には、柳文卿という人物が日本から台湾へと強制送還される事件が発生する。柳は六二年に留学生として来日し、六七年三月に東京教育大学（現筑波大学）大学院の修士課程を修了後にビザが切れ、仮放免の身分で日本にとどまっていた。柳は日本で台湾独立運動に身を投じ、台湾青年独立聯盟の幹部であった。三月二六日、仮放免の更新のために品川の東京入管事務所に出頭した柳は、その場で強制収容され、横浜入国者収容所に移送される。翌日、台湾青年独立聯盟のメンバーは柳の送還を阻止するために羽田空港に駆けつけ、護送官と乱闘となったが、柳はそのまま中華航空機で台湾へと送還された。

1968年、柳文卿氏が強制送還される
©朝日新聞社

陳は毛沢東思想に共鳴する親人民共和国派、柳は台湾独立派であったが、国民党政権がその政治信条を問題とする台湾出身者という点では共通しており、両者が強制送還されるプロセスも類似していた。不法滞在者に対する当時の日本の入管の対応は、従来であれば、刑事法上の犯罪者などを除き仮放免にしていた。ところが、日本と中華民国の間では、六七年一〇月に田中伊三次法務大臣、中川進入管局長が訪台した際、政治犯引き渡しにかかわる「密約」が結ばれていたという。日本側がこのような密約を必要としたのは、麻薬密輸等によって日本で収容されている二百数十名の台湾出身者を台湾側に引き取らせるためで、台湾独立派を一人送還するごとに麻薬密輸業者三〇人を引き取らせる内容だったとされる。

柳文卿の強制送還後、台湾青年独立聯盟の主要メンバーであった許世楷（一九三四－）は、人権擁護派の弁護士で社会党所属の衆議院議員であった猪俣浩三（一八九四－一九九三）に接触し、この事件について国会で質問してもらうことになった。こうして、台湾出身者の強制送還問題は、日本社会から注目されるところとなっていった。

前田直樹の研究によれば、日本政府は柳文卿を送還することについて、遅くとも三月二二日の時点で中華民国政府との間で合意していた。日本政府は日本国内からの批判に備え、民国政府に要請し、柳の両親に送還された柳を空港まで出迎えさせ、一緒にとった写真を提供させている。この問題について国会で猪俣から質問を受けた中川入管局長は、中華民国の駐日大使から柳の身体自由に関する保障を受けていると説明し、非人道的な扱いはしていないと主張した（前田直樹「柳文卿・陳玉璽事件とアムネスティ・インターナショナル日本の設立」）。しかし、台湾に戻った柳は、空港送迎の一件にも明らかなように、国民党政権による管理下におかれ、軟禁状態となった。柳に対する厳しい監視体制は、八〇年代後半にいたるまで続いた形跡が残っている。

柳が送還された後、柳の支援者たちは日本において弁護士らを代理人とし、強制送還は違法だったとする訴訟を起こすとともに、日本に残された柳の妻と子どもの二人を原告として国に対する損害賠償請求訴訟も起こした。このとき、入管は国民党政権が柳に強制的に書かせた提訴不承認の声明書を裁判所に提出し、弁護士の訴訟代理権に異議を申し立てた。柳の支援者らは台湾で軟禁中の柳から極秘に反駁書を入手したが、柳の生命の安全を案じ、証拠として提出することはできなかった。これについて、森宣雄の研究は、「日本政府は国府〔中華民国政府〕の人権抑圧への加担に徹することで、柳に対する謝罪・賠償の責任を退けることに成功し、いまにいたっている」と厳しく非難する（森宣雄『台湾／日本――連鎖するコロニアリズム』）。

アムネスティ・インターナショナル日本支部の設立

一方、陳玉璽が台湾へと送還された後、その日本での保護者であった川田泰代は、六八年四月になってはじめて、陳の父親からの手紙により陳が台湾の留置所で監禁されていることを知った。川田は日本の親人民共和国派の人脈を頼って陳を救出しようとしたが、協力を得ることはできなかった。

政治信条が近い陳を蔣介石政権から救うのに、親人民共和国派の人びとが協力しなかったのは一見不可解であるが、その原因は当時の大陸中国では台湾出身者への警戒が非常に強まっていたからだとの推測がある（森宣雄『台湾／日本―連鎖するコロニアリズム』）。陳が日本において頼りとしていた、人民共和国支持派の在日中国系住民団体である東京華僑総会は、陳の台湾への送還に協力したことすら疑われた。そのため、後に東京華僑総会内部では、華僑商人の日中貿易利益の配分問題とも相まって、幹部が批判される内紛にまで発展したとされる（『オブザーバー』一九六九年五月一一日）。

この状況下、対応に窮した川田は猪俣を頼り、猪俣は柳文卿問題に続けて陳の事件について国会で質問を行った。前出の前田直樹の研究が明らかにしたところでは、日本政府は陳の送還についても六八年二月初旬の時点で、中華民国政府との間で事前に合意していた。ところが、中川入管局長は衆議院法務委員会で猪俣から受けた質問に対し、「全然存じません」と答弁した。

その後、陳の救済を求める声はハワイ大学やアメリカの文化人の間で広がる一方、日本国内では『オブザーバー』紙（大森実発行の週刊新聞）がこの問題を詳しく報じた。台湾の事情に不案内であった川田は、台湾青年独立聯盟の日本人幹部であった宗像隆幸にも協力を依頼した。台湾青年独立聯盟は柳の問題だけでなく、政治的立場を超えて陳の問題についても抗議の声を上げた。

後に宗像は、台湾の政治犯を救うという川田とも共有する目的を入り口として、アムネスティ・インターナショナルの日本支部を設立することを構想する。アムネスティ・インターナショナルとは、自らの信念や人種、宗教、肌の色などを理由に囚われの身となった人びとの救済を目指して六一年にロンドンで生まれた国際人権運動であり、今日も世界各地の人権侵害の実態を調査、告発する活動を続けている。

一九七〇年四月、同日本支部は猪俣浩三を初代理事長、川田や宗像、許世楷らを理事として正式に発足した。このとき、日本の親人民共和国派の人びとのなかからは、この組織の中枢に台湾独立派が入っていることを非難する声も上がったという。しかし、本書執筆時点での筆者の価値観にしたがえば、「台湾に戻れば政治犯となる」という恐怖に直面していた台湾出身者の救助のため、党派を超えて協力した人びとが存在したという事実は、その後の世の中を生きる私たちの後ろめたさをいささかなりとも減じてくれるものであり、肯定的に評価されて然るべきである。

親人民共和国派と台湾独立派の溝と接点

台湾で拘束されていた陳玉璽は、一九六八年六月に軍事法廷に起訴された。その罪状には、東京華僑総会の紹介で『大地報』という中国新聞に寄稿し、中国共産党の宣伝に協力したことが挙げられた。これに対し、日本やハワイの各界人士、さらにはアメリカのアムネスティ・インターナショナル支部などは、陳が死刑となるのを防ぐために精力的な活動を展開した。その結果、同年八月の判決において、陳は情状を考慮した措置として、七年の禁固刑となった。

後に陳は、七一年一〇月、蒋介石の特赦により刑期の約半分で釈放される。これについて川田は次のように述べ、蒋介石の対応を評価する姿勢を示している。

> 彼〔陳玉璽〕は確かに、思想、信条の自由を「国府〔中華民国政府〕」に問われたそれではある。だが、蒋総統は世界世論に答えて、陳玉璽を釈放した。わたしはその国際感

覚を高く評価しないわけにはいかない。たとえ、国連での椅子を奪われないための政治ショウであっても、釈放された政治犯は自由になったのだ。

（川田泰代『良心の囚人』）

同じ文章のなかで、川田の批判の矛先は、蔣介石政権よりもむしろ日本政府に向けられている。川田は、陳が「日本政府によって、捏造された政治犯である」ことを強調し、「日本政府は責任をとれ！」と主張した。川田が抑圧者である蔣介石を否定しなかったのは、人命を守るためであれば、蔣の顔を立てるのも辞さないという判断に基づくものかもしれない。

あるいは、このあとの論点との関連からやや強引に解釈することが許されるのならば、川田が蔣介石批判に抑制的であるのは、川田が「中国人」に対して強い同情を抱いていたことと無関係でなかったかもしれない。というのも、川田は陳玉璽事件への日本政府の対応について、「中国人のほんとうの心情を汲みとろうともしないで、野犬狩りの狂暴さで片付けたやり方は、帝国主義下のアメリカにも通用しない残酷な行政処置である」とも述べているのである。

ただし、ここで再び注意しなければならないのは、蔣介石が政治犯として弾圧の対象としたのは、陳のような親人民共和国派だけではなく、柳文卿のような台湾独立活動家も主要な対象だったことである。前者は自身を「中国人」と見なしたうえで、蔣介石政権による台湾統治に反対する立場をとるのに対し、後者は基本的には、台湾に中国大陸とは分離された、独立した国家を建設することを目指す。

陳や柳の問題が日本で注目を集めている間も、六九年二月には、日本の岡山大学大学院で医学を学んでいた陳中統（一九三七–）が、郷里である台湾中西部の彰化に帰省中に逮捕され、懲役一五年の刑を受ける事件が発生している。陳は日本で積極的に独立運動を行っていたわけではなかったが、台湾青年独立聯盟と接触があった。陳は『台湾青年』誌（第二章参照）が入手して掲載した彭明敏らの「台湾人民自救運動宣言」に共鳴し（六六年一月発行の第六二号に「台湾独立宣言」として掲載されたものを目にしたと考えられる）、その複写を持って台湾に一時帰国したことがあった。その際、陳は中学と高校の同級生であった陳映真にもそれを渡したという。陳中統は、陳映真が台湾を中国の一部と考える「大中国主義」者であることは分かっていたが、親しい友人である陳映真に自身の信条を話したようである（「陳中統口述歴史」）。

その後、第二章で述べたとおり、陳映真は六八年に政治犯として逮捕・投獄される。同年末、陳中統は陳映真の事件のことがあったので周囲から心配されるなか、病気の父親を見舞うために台湾に一時帰国した。この帰省中に縁談がまとまり、挙式した後、陳中統は日本に戻るのを前に逮捕・投獄された。この事件からは、親人民共和国派と台湾独立派は目指す国家像が大きく乖離しており、決して一枚岩ではなかったにもかかわらず、国民党政権は反体制勢力として両者が結合することに対して執拗な対策をとっていたことがうかがわれる。後に七五年の蔣介石の死去にともなう減刑があり、陳中統は七九年にようやく釈放される。

劉彩品問題

日本において台湾出身者をめぐる人権問題への関心が高まるなか、「中国を代表する政権は中華人民共和国」であるとの政治信条から、中華民国国籍者であることを拒否した台湾出身者が日本での在留資格を求める事案が発生した。いわゆる「劉彩品問題」である。

劉彩品（一九三六－）は日本統治時代に台湾西南部の嘉義で生まれた。父の仕事の関係で日本の敗戦はマカオで迎え、四六年に再び台湾に戻る。国民党政権下でおじが逮捕され、父が危険を感じて香港経由で日本に逃れたのに続いて、五六年より中華民国のパスポートで私費留学生として来日。翌五七年に東京大学に入学後、天体物理学を専攻し、六一年には大学院に進学した。六五年、日本人男性の木村博と結婚し、翌年、婚姻届出の法律的手続きを済ませる。

当時、在日台湾出身者の中華民国パスポートは、五年に一度の再発行のほか、一年に一度更新の手続きをしなければならなかったが、劉は六四年に発行されたパスポートの更新を六七年を最後に止め、六八年三月以降は有効期限が切れた状態で日本に在留していた。劉がそのような選択をした背景には、国民党政権への反感が大前提としてあったことに加え、六七年の顔尹謨と劉佳欽や、六九年の陳中統が、日本での交友関係を理由に台湾で逮捕されたことへの強い警戒があった。

劉彩品（左）と夫の木村博　©共同通信

この前後、劉は六七年に長男、六九年に

次男を産み、二児の母となった。七〇年四月、劉は同月末に切れる在留資格の更新および永住権申請のため、品川の東京入管事務所へ赴くが、パスポートが無効であることを理由にビザの発給を拒否された。翌五月、東京入管事務所に出頭を要請された劉は、パスポートの更新手続きを行う意思がないことを明記したうえで、法務大臣宛の「在留資格証明書発給願」を提出する。ところが、同文書は受理されず、劉は係官からパスポートを取得するよう促された。

　これを不服とする劉は、自らビラを作って自身への支援を求めるとともに、日本の入管体制を非難する活動を開始した。劉は陳玉璽・柳文卿事件を念頭に、自身にも強制送還のリスクがあることを日本社会に向けて訴えた。同月、劉は再び入管事務所に出頭を要請され、やはり中華民国パスポートを取得するよう指示された。これに対し劉は、「中国人」として国民党政権を否認し、「現在の中国は中華人民共和国であると認める立場」を前提として、日本政府に対してビザ発給を求めていく意志を固めた。

　翌六月、子の発熱により出頭できなくなった劉の代理として、夫の木村が三たび入管事務所に出頭し、劉の意向を伝えた。しかし、法務省入管局資格審査課は、劉が無国籍化するか、または日本国籍を取得するという「手続き」によって問題を解決するよう示唆したとされる。これは一見すると善意の提案のようにも見えるが、劉は強く反発した。劉は、日本国籍である夫や二人の子どもには認められている「思想・信条の自由」を、中国人といえども一人の人間であり母親である自分にも認めよ、という論理で日本社会に向け支援を訴えた。

　この訴えに対し、劉の所属する大学院の学生らによる「天文大学院自治会」が声を挙げたのを皮切りに、支援運動は東京大学内の学生や教員、さらには学外の市民団体にまで急速に拡大していった。その際、前年に安田講堂への機動隊導入によって収束した東大闘争でつながっていた友人らが「劉さんを守る友人の会」なる団体を組織し、大衆運動の呼びかけの組織化をおこなうとともに、劉の対外的な窓口の役割を果たした（劉さんを守る友人の会編『日本人のあなたと中国人のわたし』）。

中華民国との「絶縁」

　こうして、劉個人の問題が「日本人の大衆運動」へと発展し、同年七月以降、各種団体による法務省への請願や、数百人規模の「劉彩品支援全都集会」をはじめとする各種集会がおこなわれた。この間、劉の代理人と法務省の間で折衝が重ねられたが、法務省側は問題解消のため劉に中華民国国籍からの離脱を求めたのに対し、劉は「中国」の国籍を放棄する気はなく、その中国とは中華人民共和国であるとの態度を崩さなかったため、容易に折り合いはつかなかった。本来は劉の在留資格をめぐって始まったこの問題は、日本政府に対し、国交のない中華人民共和国の共産党政権を正式な政府と見なすよう求める運動としての性質を帯びていったことが分かる。

同年八月一四日、劉は法務省からの妥協のための提案に応じる形で、中華民国駐日大使館に対して「絶縁書」を書き送った。法務省側がこのような手続きを要求したのは、劉が中華民国パスポートを取得できないという事実を認定するためであった。劉は同文書において、日本による台湾統治の歴史および国民党政権の台湾統治政策を強く批判したうえで、文末を次のように結んだ。

私はあなたたち国民党政府に反対しなければならない。なぜなら、あなた方は帝国主義の走狗であり、中国人民の敵であるから。

中華人民共和国万歳！

毛沢東思想万歳！

（劉さんを守る友人の会編『日本人のあなたと中国人のわたし』）

法務省側の想定していた絶縁書とはもっと形式的なものだったが、これはその想定を超えた内容であった。劉は同文書のなかで、同文書は日本政府の要請に基づき執筆したとも説明していた。そのため、日本政府は国民党政権からの強硬な抗議を招くことになった。これが大きな政治問題に発展するのを防ぐため、法務省側は劉に対し、絶縁書の内容は法務省の指示ではないことを文書で言明するよう求め、劉はしぶしぶ応じた。こうして、九月二四日、劉は国籍欄の記載が「中国」で、期限三年のビザを獲得した。

劉の在留資格獲得のための運動はここで終結するが、翌七一年一月、永住権の申請は不許可となった。すると同年一一月、劉一家は中国大陸に移住してしまう。親人民共和国派のジャーナリストであった松岡洋子（一九一六－七九）経由で、中華人民共和国国務院総理の周恩来（一八九八－一九七六）から招きを受けたためであったという。前出の陳玉璽の支援に尽力した川田泰代は、「愛国者」である劉が大陸にやってくるのを歓迎した周の態度を高く評価した。劉には南京の紫金山天文台での職が用意されていた。ただし、周は劉の生活を気にかけ、保護する一方で、しばしば人を派遣して劉の動きを監視してもいた（劉彩品「私は『反日』と言ってはばからない」）。

なお、台湾の国民党政権は劉の動きについて、留学生が「左派分子」の日本人と結婚して中国大陸に渡ってしまった事案として把握していたようである。台湾の劉の親族は、九〇年にいたるまで監視の対象となっていた形跡が残されている。

劉は大陸中国への移住後、南京で二五年間を過ごした。その間、次の第四章で見るように、劉は中華人民共和国による台湾統一のための宣伝戦術にも携わることになる。さらにその後、八九年に発生した六・四天安門事件にショックを受け、九六年には日本に戻り、日中戦争期の個人賠償をめぐる運動に身を投じていく。

林景明問題

日本で劉彩品の支援運動が展開されたのに先立ち、六〇年代の日本では、林景明（一九二九－二〇一六）という人物の在留資格をめぐる問題も発生していた。林のケースは、「反蔣介石」の信条を持つ台湾出身者という点では劉の問題と共通していた。しかし、劉が人民共和国を支持する立場から「中国」の国籍を保持することを追求したのに対し、林は台湾独立を追求する立場をとるとともに、「日本人」として日本に居住する権利を認めるよう主張した点が大きく異なっていた。

林は日本統治下の台北に生まれ、台北第二中学校在学中の一九四五年に日本陸軍に召集され、台湾第一三八六三部隊に配属された。第二次大戦後、蔣介石政権下で中華民国国軍の兵士、小学校教師、農業などに従事していたが、蔣介石政権の台湾統治に対して強い不満を持っていた。台湾からの脱出の機会をうかがっていたところ、酪農業の視察の名目で三か月のビザを得て、六二年三月に日本に渡ることに成功する。そのまま林は、拓殖大学に入学した。林はビザが切れる同年六月、同大学の在学証明書と在留許可の嘆願書を携えて入国管理局東京事務所へ出頭し、その後一、二か月ごとに入管に呼び出されて審査を受けることになった。

入管窓口は林に対し、中華民国のパスポートで入国した者は、中華民国大使館の同意がなくては在留延長を申請できないとして、国外退去となることを通告した。しかし、林はこれに強く反発した。なぜなら林は、自身は日本国民として生まれた日本人であり、サンフランシスコ講和条約によって日本政府が台湾に対するすべての権利を放棄したのを契機に、日本国籍から離脱したことにされたのは不当であると考えていたからであった。林は日本軍の志願兵として出征した兄をマニラで失ってもいるという。また、林は自ら望んで中華民国の国籍をとった覚えはなく、意志を問われたことさえないという点にも憤りを覚えていた。

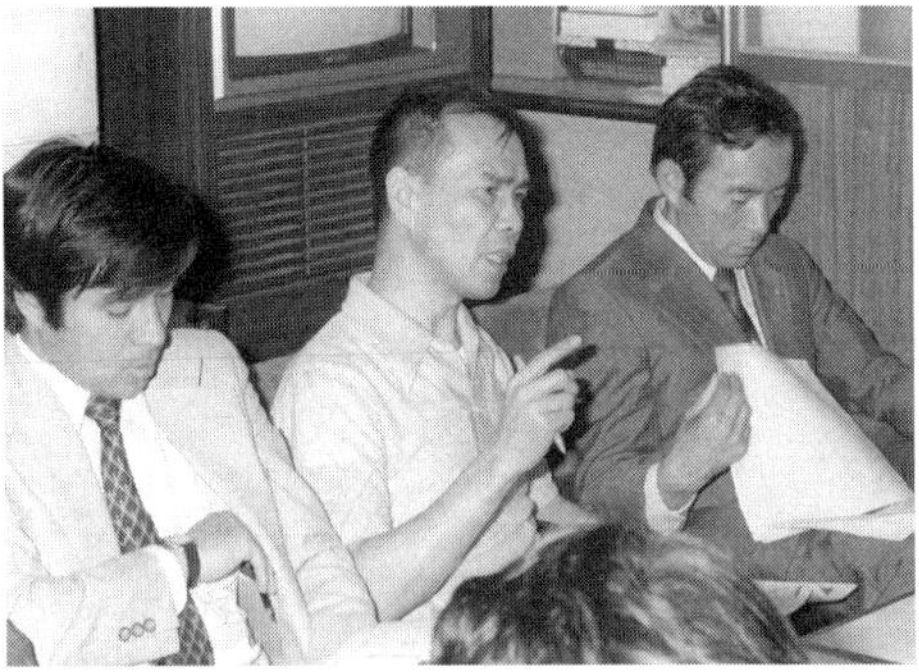

「国籍確認訴訟」で控訴を棄却され、記者会見する林景明　©共同通信

中華民国による台湾統治についても不当であると考える林は、台湾島内での武装蜂起による台湾独立を理想とした。日本到着後、林は台湾人社長の下でのアルバイトで忙しく過ごすかたわら、王育徳らの『台湾青年』誌第二七号（一九六三年二月）に「南崢」のペンネームで「わが独立論」という文章を寄稿している（林景明『知られざる台湾』）。林はそもそも蔣介石政権の暴政を告発するために台湾を脱出して来日したので、台湾に戻る意思はないばかりか、強制送還されれば生命を奪われることも懸念される状況であった。

　林は国外退去となるのを防ぐため、法務大臣宛に異議申し立てを行った。しかし、主張は却下され、六三年四月に長崎県の大村収容所に収容された。これに対し、大学教員や友人の努力により、大学卒業までとの条件で特別在留が許可されることになり、林は同年五月に釈放された。東京に戻った林は、台湾独立運動とアルバイトで忙しく過ごしていたが、六六年五月になり、大学を卒業すべき時点にきたとの理由で再び退去令が出された。支援者の助けを借りながら入管にかけあい、同年末にいったん仮放免となったが、翌六七年六月に再び大村収容所に送られた。六八年一一月、「一九七〇年三月三一日までに本籍地に向け出国する」と誓約するのを条件に釈放される。

台湾へと戻らざるを得ない状況に追い詰められた林は、三省堂新書編集部の「任侠的支援」を得て、退去令期限の迫る七〇年一月、『知られざる台湾——台湾独立運動家の叫び』という書籍を出版した（林景明『台湾処分と日本人』）。同書において林は、台湾の歴史および蔣介石政権による統治の現状を論じるとともに、自身の尊厳と生命の安全を脅かしている日本の入管政策を強く非難した。

「左派」への幻滅

林が同書を出版するとともに、退去令無効確認の訴訟を起こすと、日本の新聞各社はこれに反応し、日本政府批判の声を上げた。また、数多くの団体や個人から支援の声が寄せられ、林はこれに厚く感謝した。

一方、林の同書出版からほどなく、中華人民共和国の公式メディアでは、日本の「反動派」が「反動書籍」を発行させ、台湾独立をあおっているとの非難声明が発表された。林は同書において「告発したのは、蔣〔介石〕政権と佐藤〔栄作〕政権の人命軽視と人権無視だけで、毛〔沢東〕政権については、台湾解放は台湾人自身に任せてもらいたいと述べただけにすぎない」と認識しており、毛政権が同書を「反動」扱いするのは「蔣政権の側に立った発言」ではないかと反発した。

林はまた、「同じく退去強制の危険にさらされているベトナム留学生のために、在留許可の運動をしている反戦平和運動の数えきれないほどの団体が、一つとして私の問題をとりあげなかったこと」についても不満を抱いた。さらに、同年六月になると、劉彩品の支援運動が拡大していく一方で、自身に対しては「台湾の独立運動はアメ帝〔アメリカ帝国主義〕の手先だから支援できるはずがない」といった言葉を投げかけられるなど、「政府から差別抑圧されている被害者を、支援運動でさらに差別する矛盾」を感じていった（林景明『台湾処分と日本人』）。

アメリカの帝国主義に反対する立場からベトナム戦争に反対し、中華人民共和国を支持するのであれば、アメリカの支持を受けている蔣介石政権に反対する台湾独立運動は共産党政権から肯定されてもよさそうなものである。しかし、人民共和国が台湾を自国の一部と主張していることから、当時の台湾独立の主張は蔣介石政権からは「共産党の手先」と見なされて弾圧の対象となる一方で、共産党政権からは「米日帝国主義の手先」と見なされるという、孤立無援の状態にあった。森宣雄の研究は、六〇年代末から七〇年代初頭にかけての日本における、親人民共和国的な「左派論壇」の台湾に対する見方について、次のような問題を抱えていたと喝破している。

> 中台の分裂は日本の侵略（日清戦争）に端を発したという歴史的前提から、日中戦争にいたる侵略の贖罪、未完の戦後処理の課題のひとつとして、あらためて台湾を中国の領土として確認し、問題解決を望む立場が取られた。たしかにこれは歴史が残した問題に対する応答のひとつといえる。しかしこの判断と立場を是認したとしても、そこで抜け落ちる問題があることは誰しも否定できないであろう。日本の中国への侵略の問題は、（二つの）中国政府とのあいだの問題であるが、台湾の植民地支配をめぐる責任は、直接に植民地支配下に置いた台湾住民に対して第一義的に負っているということである。
> （森宣雄『台湾／日本——連鎖するコロニアリズム』）

筆者が資料を見た限りでも、劉彩品を支持した人びとは、劉本人以上に、法務省が劉に対して日本への帰化を促したことを強く非難していた。これは、共産党政権を支持するか否かという以前に、日本人としての罪悪感に根ざしたように見受けられ、森の指摘にも符合する。

しかし、日本の「正義漢」たちが劉彩品を熱心に支援する一方で、自身に対しては冷淡であることに対し、林の怒りは大きかった。林は次のように述べる。

劉彩品は、一台湾女性で、日本へきて十数年の間、自分のための勉強をしているだけで、台湾同胞のために、蔣政権の専制独裁を告発したことは一度もなく、中共が強大になってきたのをみて、毛沢東万才を叫び出したにすぎない。日本へ着いたとたんに、蔣政権は台湾人に自由を返せと叫び、独立運動に専念した私とは事情が大いに異なり、私に対して期限づきで無条件退去を命じている入管が、彼女に対しては、「日本に帰化するか、蔣政権と絶縁する意志を表示すれば在留を許可する」という条件を出している点も大いに異なって、生命の危険性では明らかに私の方がはるかに大きいのである。

激動する世界と未来を見通すための1冊
BUNGEISHUNJU OPINION
文藝春秋
オピニオン
いま知っておくべき
論点を1テーマにつき
見開きで専門家が
コンパクトに解説。
文春ムック
2024年の
論点
RONTEN
100
戦争が続き、AIが台頭するなかで、
世界的に選挙イヤーを迎える。
我々の未来はどこに向かうのか？
新たな知見と判断材料を提示する。
好評発売中
本体1700円＋税
A5判
272ページ

欧米では当り前のこととされている「政治犯不引渡しの原則」を無視して、亡命者に強制送還その他の迫害を加えている現在の日本政府にしても、人権、人命の尊重に国境はないという人類愛に欠如し、異民族を人間扱いしない点では、戦前となんら変りなく、この偏狭な民族観念を改めないかぎり、いくら口先だけで平和を叫んでもなんにもならないと絶叫せずにいられないのである。

（林景明『台湾処分と日本人』）

林景明を支援したのは誰だったのか

林の在留資格をめぐる問題は、台湾で反共政策を掲げた蔣介石政権を支持する日本政府に代表される「右派」からも、中国で社会主義国家の建設を進める共産党政権を支持する「左派」からも、十分な理解と支援を得ることができなかった。では、七〇年前後の時期に林に関心を寄せていたのは、いったいどのような人たちだったのか。

中国文学者の代田智明（一九五一－二〇一七）のエッセイに現れる次の一節は、当時の雰囲気を非常に生き生きと教えてくれる。この文章は在日朝鮮人一世の宋斗会（一九一五－二〇〇二）の訃報に接して書かれたもので、宋は第二次世界大戦後の日本政府が朝鮮人の日本国籍を一方的に剝奪したのは不当だとして、一九六九年に日本国籍の確認を求める訴訟を起こしたことで知られた人物である。

その頃、私はいま風に言えば、戦争責任問題に対して日本政府が冷淡なことに違和感を覚え、出入国管理法反対運動のお手伝いをしていた。戦争責任といっても、私に関心があったのは、国家間の問題なのではない。かつて「大日本帝国の臣民」であったアジアの人々が、自らの意志を問われることもなく、突然国籍を奪われ、外国人登録法の対象となったり、不法滞在者になったことに、日本の無責任さを感じたからであった。入管問題は、戦争責任と緊密に結びついていたのである。〔略〕

当時「林景明さんを囲む会」というのがあって、裁判や陳情などで、支援体制を取っていた。会は緩やかな市民運動的組織だから、社会人を含む、面白い男女の若者たちが自由に出入りしていた。ただ私としては、当時この関わりは、中国関係の仲間にあまり言わないことにしていた。というのも、「台湾に行くだけでも反革命的だ」などという、今からすると滑稽な親中派教条主義者がうようよしていたので、独立派などもってのほかだったからである。〔略〕

この頃の運動の当事者には、カリスマ性というか、ある種「まやかし」がつきまとう。

林さんの自慢は、若い頃面相や手相の高名な専門家に「大統領になる相」だと言われたことで、本人は真実その気でいるらしかった。この裁判が片づけば、ボート一隻で台湾に乗り込みゲリラ戦を指揮するのだ、とも言っていたけれど、支援する側はあまり信用していなかったような気がする。ただ林さんは思い込みが激しくても、堅実温厚な人柄で、それに比べると、宋〔斗会〕さんはずっと破天荒な、そのぶん不思議な魅力がある人物であった。

（代田智明「ある『日本人』の死」）

台湾独立派の在日台湾人たちは、代田の言う「面白い男女の若者たち」の声援を受けつつも、おそらく「中国関係の仲間」に代表されるような日本の「左派」の実態に幻滅した。その結果、台湾独立派の一部は、後に日本の台湾統治を礼賛するような保守論壇に接近していくことになる。しかしそれは、あくまで六〇年代から七〇年代初頭にかけての日本政府や日本社会に対する反発を前提とした、戦略的な態度としてであった（森宣雄『台湾／日本――連鎖するコロニアリズム』）。

呉叡人の研究は、台湾独立派がそのような選択をしていくことに「共感的な理解」を寄せつつも、在日台湾独立運動家が七〇年代においても完全に孤立していたわけではなかったことに注意を喚起する。日本の市民運動家や進歩的知識人のグループは、七〇年代に台湾島内で進む民主化運動に関心を寄せ、林景明を支援する運動を発展させる形で七七年には「台湾の政治犯を救う会」を結成する。同会は台湾で政治の自由化が大きく進んだ九四年に活動を終了するまで、独裁政権への反抗のために受難した活動家の救済に尽力した（呉叡人『台湾、あるいは孤立無援の島の思想』）。

劉彩品問題と林景明問題の支援者の接点

林景明は劉彩品ばかりを支援する日本社会に強い不満を述べていたが、なかには林と劉のどちらの運動にも共感を示す者もいた。たとえば、林の支援に尽力していた宮崎繁樹は、劉の主張を最初に見た時は、「生真面目で勝気な性格」の劉が自身の思い込みを貫こうとしているとの印象を受けたようだが、子細にその訴えを読んだ結果、「もっと深くいろいろのことを考え、考え抜いた末」の行動であるとわかってきたと表明している（宮崎繁樹『出入国管理』）。

より明確な態度で林と劉の双方の支援に取り組んだ人物に谷たみ（一九二四-）がいる。谷は、子育ての傍ら自宅で校正者として働きながら、さまざまな運動に身を投じた市民活動家であった。六五年四月、「ベ平連（ベトナムに平和を！市民連合）」がアメリカ軍による北ベトナムへの爆撃およびそれに協力する日本政府に抗議するデモを行うと、谷はこれを契機に大学の同窓生らとの小規模な女性グループで平和を考えるための活動を開始する。七〇年六月に劉彩品支援運動が始まると、谷は集会参加やビラ撒きなどの活動を積極的に行った。

七〇年八月、谷は「在日外国人問題を話し合う会」という会合で林景明と出会い、「中共〔共産党政権〕を支持する人だけを支援するのか」と厳しい口調で詰問された。当時の林は、仮放免で一か月ごとに入管に出頭し、在留許可が更新されるかどうかは分からないという不安定な状況であった。時間に比較的融通の利く谷は、林から頼まれ、毎回のように入管への出頭に同行するようになった。

谷は、林の件をはじめとする入管問題に携わった理由について、「人権に無配慮な法務省の対応に問題を感じたから」と説明している。谷はその後も「慰安婦」問題などに関するさまざまな市民運動に参加し続け、かなり高齢となった二〇一八年にも経産省本館正門前で行われた脱原発運動の集会に参加した。市民運動を続けてきた理由について、谷は「黙っていることが戦争につながる」という思いから、「どういう形であれ『声を上げ続けること』」を根本としてきたと述懐している。

一九七二年八月に林への退去令は取り消されるが、谷は林に対する支援を続けた。谷は林の人となりについて、以下のように評している。

> 林さんは在日中、自身の訴訟のほか、「台湾の政治犯を救う会」に尽力し、さらに台湾人元日本兵の補償問題にも取り組みました。八月一五日に開かれる反戦集会にもしばしば参加して、「日本人として戦争を強いられた台湾人」の立場を訴え続けていました。その内容は十分納得できるものなのですが、いつも激しい口調になるため、なかなか受け入れられず、それでまた苛立ちを深めていたと思います。（谷たみ『わたしの戦後史』）

前出の代田の回想とあわせてみると、林は多少コミュニケーションに不器用なところがあったのかもしれない。それでも林を支援する声がなくならなかったのは、おそらく国家権力が市民に対して恣意的に暴力を行使することへの強い反感が、日本社会のなかにもあったからであろう。日本政府にも中華民国政府にも反対し、親人民共和国派か台湾独立派かにかかわらずその人権問題に関心を寄せた人びととの接点は、このような部分にあったと推察される。

日本における台湾研究の独立

六〇年代に台湾出身者の在留資格をめぐるさまざまな問題が発生したことは、人道問題の観点から日本社会の台湾への関心を高めただけにとどまらず、日本における台湾研究の発展にも多大な影響を与えた。

第二次世界大戦後の日本における台湾研究は、早く見積もっても六〇年代までは不振であったとされる。その原因について、台湾出身の歴史学者である戴国煇（第二章参照）は、①外国研究者に対する身分・生活保障が十分でないこと、②台湾研究をタブー視し、台湾について書く人間を台湾ロビースト視する特殊な日本的雰囲気、③戦前派台湾研究者（特に元台北帝大や台湾総督府の関係者）の物故もしくは沈黙、の三点を挙げた。文学研究者の松永正義は、このうち第二点がもっとも主要な原因であると指摘し、以下のように述べている。

> 一九七二年の日中国交回復まで、日本政府が蔣介石政権を唯一の正統政府と認め、中国敵視政策をとりつづけたことが、逆に多くの中国研究者にとって、台湾について語る

> ことは政府の中国政策を支持するものであるかのように感じさせ、これをいさぎよしとしない雰囲気をつくり出した。また侵略戦争への反省と、社会主義思想とが、共産党政権による新中国の建設を、進んだ、すぐれたものと感じさせ、逆に国民党政権による台湾支配を、後れた、否定されるべきものとして感じさせ、それがひいては台湾自体の研究をも軽視させ、ないし大陸との関わりからのみ台湾を見る風潮を作りだしたことは事実だろう。またこうした風潮の背景には、研究者の事大主義と、植民地支配の遺産としての台湾への蔑視があったことも否定できまい。総じてこの時期の台湾研究は、大陸とのかかわりからのみ行なわれており、台湾の社会自体を対象とする研究はほとんど行なわれてこなかったといっても過言ではない。
>
> （松永正義「日本における台湾文学の研究について」）

続けて松永は、「台湾研究、ないし台湾認識の新しい波」が七〇年代から起こってきたとの印象を述べ、その内実および背景について以下のように説明している。

> それは一言でいえば、台湾を大陸との関わりのみで見るのでなく、台湾自身を独自の、

固有の対象領域としてとらえ、台湾そのものを研究、認識の対象にすえようとする姿勢のことである。それはまた台湾を国民党政権の支配する地域として上から捉えるのでなく、台湾の人々の生活する島として下から捉えようとすることでもあり、またそれ自身を独自の地域研究の対象領域にすえようとすることでもある。

　こうした風潮の起こってきたについてはいくつかの理由が考えられるが、第一に当時世界的に起こっていたマイノリティーの復権運動をうけて、日本でも在日朝鮮人、在日中国人、アイヌ、未解放部落、沖縄等の問題があらためてとりあげられ、そうしたなかからまた植民地支配の問題をどう捉えるかが問題とされてきたことが挙げられよう。またこの頃アジア各地で起こっていた日本の経済侵略への批判も、あらためて侵略、植民地支配の問題を考えさせる要因となった。劉佳欽・顔尹謨事件（一九六七年）、陳中統事件（一九六九年）、柳文卿事件（一九六八年）、陳玉璽事件（一九六八年）、劉彩品問題（一九七〇年）などは、出入国管理体制の問題を通じて、日本の植民地支配を改めて考えさせる契機となったし、七四年のスニョン（中村輝夫）さんのモロタイ島での救出と、それを契機とする台湾人元日本兵士の補償問題も、日本の責任を改めて問いかけるものだった。

（松永正義「日本における台湾文学の研究について」）

次の第四章で見るように、七〇年代以降の台湾では民主化が徐々に進行していく。さらに、八〇年代後半には戒厳令が解除され、政治面での自由化も進んだことから研究上のタブーも縮小し、日本の学術界では台湾への関心がいっそう広がっていった。

このような脈絡があって、九八年には「日本台湾学会」が創設される。同学会は「一九七〇年代までの、イデオロギー的・政治的忌避や無関心状態」を脱したとの認識から、「台湾という地域の個性」を探求する研究者同士の交流を促進していくことを目標に掲げた（「日本台湾学会設立趣意書」）。同学会はいまや五〇〇人近い会員を有し、会誌の発行や研究集会の実施といった活動を精力的に続けている。

近年の日本における台湾への関心の高さだけを見れば、台湾を研究対象とする学会が盛況であることは何ら不自然でないかもしれない。もちろん、個々の研究者は、台湾が重要であると考え、面白いと感じるからこそ台湾を対象とした研究を行っていると思われる。しかし、日本における台湾研究は、本章で見てきたような過去の台湾軽視への反省を一つの重要な土台として成り立っているというのも、事実の一端であると言えるだろう。

第四章　大陸中国との交流拡大と民主化

第二次世界大戦後の台湾の統治者となった中華民国の国民党政権は、どんなに早く見積もっても六〇年代後半までは、軍事的な「大陸反攻」作戦により共産党政権を打倒し中国大陸を取り戻すことを志していた。そのため、民国と人民共和国が争点としていたのは「どちらが唯一の合法的な中国政府であるか」という問題であり、両者は「台湾は中国の一部である」という価値観については共有していた。

しかし、近年の台湾では、台湾が中国の一部として統一されることを望む声はきわめて小さい。台湾の国立政治大学選挙研究センターが毎年おこなっている「統一か独立か」に関する世論調査によると、二〇二三年六月のデータで、台湾が大陸中国と「できる限り早く統一する」ことを選好する者の比率はわずか1・6％、「現状を維持した後、統一に向かう」ことを選好する者も5・8％に過ぎない。

この調査で最も高い比率を示すのは「永遠に現状を維持する」の32・1％で、「現状を維持した後、統一か独立を決定する」の28・6％がこれに次ぐ。台湾の民意の大勢は「現状維持」を望んでいるのである。

ちなみに、「できる限り早く独立する」は4・5％、「現状を維持した後、独立に向かう」は21・4％で、統一と比べると独立を志向する世論の方が優勢であることがわかる。

後者の数字は、一八年度は15・1％だったところから急上昇し、二〇年度には25・8％に達していたが、その後徐々に低下してきている（国立政治大学選挙研究中心「台湾民衆統独立場趨勢分布」）。この推移は、一九年に香港で発生した民主化デモが政府当局により弾圧されたことで、台湾社会の共産党政権に対する警戒心が著しく高まったことと関係しているものと推察される。

一方、人民共和国の共産党政権は、今なお台湾は中国にとって不可分の一部であるとの立場を堅持している。そのため、共産党政権は台湾が国際社会において独立した主権国家として振舞うことを決して認めず、また台湾内部で中国大陸との分断の固定化が追求されることに強い警戒を示す。また、共産党政権は「中国」という国家は国際社会に一つだけしか存在してはならないとも主張しているため、台湾の政府が「中華民国」の名で国際社会の構成員として振舞うことも認めようとしない。

このように、今や台湾を中国の一部として統一することに対する意欲は、台湾海峡の両岸で温度差が非常に大きい。中国統一事業は、いわば「片務化」した状態にある。本章では、なぜこのような事態にいたったのかを理解するため、七〇年代から二〇〇〇年代半ばにかけての台湾の政治変動および、人民共和国側の対台湾政策の変化を見ていきたい。

台湾独立運動拠点が北米に

六〇年代に廖文毅の投降や柳文卿らの強制送還事件（第三章参照）が発生したことで、日本で独立運動を行っている台湾人たちは身の危険を感じるようになり、日本における台湾独立運動は拡大が難しくなっていった（史明『簡明台湾人四百年史』）。一方、六〇年代には台湾からアメリカへの留学生が増加しており、台湾独立運動の中心は日本から北米に移った。

七〇年一月、日本の台湾青年独立聯盟がカナダ、アメリカ、ヨーロッパ各地の台湾人留学生の独立運動団体と合流し、台湾独立聯盟が結成される（同組織は一九八七年より台湾独立建国聯盟に改称）。同月には、台湾で軟禁状態にあった彭明敏（第二章参照）がスウェーデンへの脱出に成功した。さらに彭は、同年九月にアメリカへと亡命し、北米を拠点とした台湾独立運動の精神的な支柱となる。六〇年代に海外の反体制派を強制的に台湾に呼び戻す政策をとっていた国民党政権は、七〇年代に入ると、在外領事館などに作成させてあったブラックリストに基づき、反体制派に帰郷の許可を出さないことで、海外と台湾島内の反国民党運動が結合するのを防ぐ方針へとシフトしていった（国立政治大学図書館特蔵管理組編『去郷懐国』）。

この間、体調のすぐれない蔣介石の後継者として権力基盤を固める最中にあった息子の蔣経国が、七〇年四月に訪米した。当時のアメリカのニクソン政権は、ベトナム戦争の幕引きを図る都合などから、人民共和国との接近を試みていた。民国の国民党政権はこれを決して快く思っていなかったが、訪米中の蔣経国はアメリカが大陸中国と接触することに強く反対せず、また民国は強硬な手段ではなく政治的な方法によって共産党政権の瓦解を目指すという穏健な姿勢をアピールした（林孝庭『蔣経国的台湾時代』）。

この訪米中の四月二四日、台湾独立聯盟のメンバーである黄文雄（一九三七－）と鄭自才（一九三六－）が、講演のためにニューヨークのプラザホテルに訪れた蔣経国を狙撃するという、暗殺未遂事件が起こった。この事件は、海外の台湾独立派にとっても国民党政権にとっても、繊細な事後処理が求められる微妙な問題であった。すなわち、独立派にとっては、志を同じくする人の存在を知り勇気を得る契機になった反面、アメリカ社会から台湾独立派全体が過激な暴力集団であるかのように思われかねない要因にもなった。一方、国民党政権にとって、台湾に生還できたことは蔣経国の国家指導者としてのイメージを向上させる効果が期待できた反面、それをあまり強調すると海外の独立運動が活発であることを宣伝することになりかねなかった。そのため、国民党政権はこの事件の政治性を問うことはできず、単純な刑事事件として対応することになった（陳昱齊『中華民国政府対海外台湾独立運動之因応』）。

「党外」運動の興隆と郷土文学論争

第一章で触れたように、七〇年前後の国民党政権は、中華民国の国連議席喪失および米中接近という外交面での危機に加え、世代交代という深刻な要因も抱え、大きな改革の必要に迫られていた。そこで、経済面では、蔣経国は七二年に行政院長（内閣総理大臣）に就任すると、翌年より「十大建設」と呼ばれる大規模な国家投資により、インフラ建設や重化学工業化を推進した。これは、経済発展によって民心を安定させるための施策であったとともに、当時の台湾ではすでに賃金水準が上昇しており、産業構造の高度化が求められていたことへの対応でもあった。政治面では、蔣経国は国民党内で能力のある本省人の若者を抜擢する「青年才俊」政策を推進したほか、大陸中国から帯同してきた中央民意代表（国民大会代表、立法委員、監察委員）の欠員補充および定員増加のための選挙を実施するようになった。

国民党政権は四九年前後に共産党政権との内戦に敗れて台湾に撤退する際、大陸中国で選出された中央民意代表に台湾への移住を求め、それに応じた議員たちに終身任期を与えていた。国民党政権がこのような措置をとったのは、台湾でも中華民国憲法にのっとった政治を維持していると内外に向けて主張するためであった。しかし、議員の高齢化が進んだため、蔣は台湾で新たな議員を補充していく必要に迫られたのである。なお、高齢の議員たちがいつまでも辞めずに報酬を受け続ける事態は「万年国会」と揶揄され、この後に続く民主化運動のなかで社会からの強い批判にさらされることになる。

　蔣介石は七二年に一度危篤となり、七五年に死去する。台湾独立運動家らの間では、蔣介石没後に生じるであろう混乱を、国民党政権を打倒する好機と見る向きもあった。そのため、蔣経国が台湾の経済発展を重視したり、本省人の政治参加の道を拡大したりするなど、台湾という土地に根ざした政策方針を取るようになったのは、国民党が政権を維持していくために必要だったからだと言える。この変化は、国民党政権がそれまでの「中国意識」に基づく政治を調整し、台湾を「本土」と見なすかのような傾向を強めていったという意味で、「本土化」政策と呼ばれることもある。蔣経国の改革姿勢は、台湾の安定を求めるアメリカ政府の期待に符合するものでもあった。

　ところが、政治制度の民主化が進んだことで、台湾社会では国民党に批判的な人びとの声もかえって勢いを増すことになった。台湾では五〇年代以来、地方選挙は行われてきており、国民党の政治に異を唱える勢力も常に存在していたが、あくまで少数派にとどまっていた。しかし、七〇年代に入ると、国民党に属さず反国民党の姿勢をとる「党外」の政治家が、中華民国の国政選挙を舞台に大きく躍進することになった。

　六九年の立法院欠員補充選挙で黄信介（一九二八－九九）が当選を果たすと、七二年の立法院増加定員選挙では康寧祥（一九三八－）らが当選を果たした。本省人である康は、選挙において、中華民国の公用語として「国語」と呼ばれていた北京語ではなく、方言とされたホーロー語を用いた演説を駆使して有権者の支持を集めた。さらに、黄と康は七五年に政論雑誌『台湾政論』を創刊し、台湾の自由化や民主化を提唱した。同誌は同年一二月の第五号をもって発禁処分を受けて停刊してしまう。しかし、これを皮切りに、党外の政治家らは選挙への参加に加え、さまざまな政論誌を刊行し、その事業を通じて次第に政治勢力としてまとまりを持つようになっていった。そのようなことが可能だった背景には、当時の台湾では、経済成長にともない流通網の整備が進み、出版市場が拡大していたこともあった。

　前章までに見てきたように、台湾で国民党政権の統治に反対する人びとのなかには、台湾の独立を志向する人びともいれば、親人民共和国的な左派の人びともいた。『台湾政論』誌には当初、それぞれの立場の人びとが書き手として集まったが、後者の人びとは自らの主張を展開する場を求め、七六年二月に雑誌『夏潮』を創刊した（七九年二月停刊処分）。民主台湾聯盟事件で投獄された陳映真（第二章参照）は七五年に釈放されており、同誌の主要メンバーとなった。なお、陳は服役を通じ、日本から強制送還され投獄された陳玉璽（第三章参照）とも知り合っており、これらの「政治犯」とされた人びとは釈放後、当局の監視の目を逃れながら密かにネットワークを広げていた（李娜編『無悔――陳明忠回憶録』）。

　この『夏潮』誌を一つの舞台として、七七年から七八年にかけ、郷土文学論争と呼ばれる論戦が発生した。七〇年代の台湾では、農民、都市の労働者、女性、環境汚染、外国資本のもたらした不公平などをテーマとする、台湾社会に強い関心を示す作品が文壇を賑わせ始めていた。それらは「郷土文学」と呼ばれ、陳映真はその代表的な作家に数えられていた。これに対し、国民党政権寄りの陣営から、陳の作品は親共産党的だとする批判が起こると、これに反発した作家たちが『夏潮』誌上などで郷土文学を擁護する議論を展開した。

　ただし、郷土文学にくくられる作家のなかにも、故郷とすべき土地は「中国」なのか

「台湾」なのかをめぐり、見解の対立があった。陳映真は中国意識を強調する論陣を張ったのに対し、葉石濤（一九二五－二〇〇八）は、鄭成功による台湾統治以来の四〇〇年を主軸とする歴史観を示し、台湾意識を前面に押し出した。一連の論戦は、台湾社会において台湾を中心に据えて考える文化観や歴史観が醸成されるのを促進したと評価されている（陳芳明『台湾新文学史』下巻）。

米中国交樹立とアメリカの台湾関係法

七〇年代の台湾では、国民党政権が海外の反体制運動家らを「強制帰国」させる方針から「台湾へ帰らせない」方針へと転換していったことに加え、台湾島内で選挙や雑誌を通じて反国民党の声を上げられる状況が生まれていた。そのため、台湾独立運動は従来、海外在住者を主な担い手としていたが、次第に台湾島内の活動家が大きな影響力を発揮するようになっていった。ただし、それは海外の運動とまったく切り離されたものでもなかった。

台湾島内の台湾キリスト長老教会は、七〇年代以降の民主化運動において、思想面および行動面で牽引役を果たしたことで知られる。七一年、同教会はアメリカのニクソン大統領が人民共和国を訪問する直前のタイミングで「国是声明」を発表し、中華民国の中央民意代表を台湾で全面改選するよう呼びかけた。七五年には、フォード大統領の北京訪問を前にして、信仰の自由の保障などを訴える声明を発表する。七七年には、「台湾の将来は〔大陸中国に住む人びとを含まない〕一七〇〇万の住民全体が決める」「台湾を一つの新しい独立した国家にせよ」と主張する人権宣言を発出した。

この間、人民共和国では、七二年のニクソン大統領の北京訪問後、プロレタリア文化大革命（文革）にともなう共産党政権内部の混乱が続いていた。しかし、七六年に毛沢東が死去し、その後の権力闘争を経て鄧小平（一九〇四–九七）が指導者としての地位を固めていく。その過程で共産党は、中国の経済発展のためには海外の技術を積極的に導入しなければならないという方針を定め、外国への依存を嫌っていた生前の毛による経済政策を改めた。このような状況を背景に、共産党政権はアメリカが台湾の国民党政権を軍事的に庇護していることにいったん目をつむり、アメリカとの国交樹立交渉を進めた。その結果、アメリカと人民共和国は七九年一月一日付で正式な国交を樹立する。このとき、アメリカ政府は人民共和国を中国の唯一の合法中国政府と認め、台湾の民国との間で五四年に結んだ米華相互防衛条約（後述）を破棄した。

アメリカでは、行政府がこのように人民共和国に対して融和的な政策をとる一方、議会は七九年四月に「台湾関係法」を成立させた。人民共和国はアメリカに対し、台湾への武器売却を止めるよう求めていた。しかし、アメリカ議会はアメリカと台湾の間に正式な国交がなくとも、アメリカが台湾の安全を保障することを求め、同法には「台湾人民の安全または社会、経済の制度に危害を与えるいかなる武力行使または他の強制的な方法にも対抗しうる合衆国の能力を維持する」、「〔台湾が〕十分な自衛能力の維持を可能にするために必要なだけの防御的な器材および役務を台湾に供する」との文言が入った。

同法の成立過程では、台湾キリスト長老教会の人脈を通じ、彭明敏らが共和党員のジム・リーチ（Jim Leach, 一九四二-）らに積極的な働きかけを行っていた。リーチは台湾に関する知識を得るにあたり、同教会から提供された情報の強い影響を受けていたとされる。同法には彭らの訴えが反映され、「人権条項」と呼ばれる以下の内容も盛り込まれた。

> 本法律に含まれるいかなる条項も、人権、特に約一千八百万人の台湾全住民の人権に対する合衆国の利益に反してはならない。台湾のすべての人民の人権の維持と向上が、合衆国の目標であることをここに再び宣言する。

これにともない、国民党政権が台湾で行っている抑圧的な政策に対し、アメリカ社会からはいっそう厳しい目が向けられるようになっていった。

美麗島事件

台湾における人権問題は、七九年一二月に発生した「美麗島事件」によってとりわけ大きな注目を集めることになった。同事件は、市民による民主化運動と当局によるその弾圧、事後処理をめぐる一連の事案の総称で、台湾の民主化過程の分水嶺と見なされることもある重要な事件である。

台湾では七七年、国民党の選挙不正に対する市民の抗議が暴動に発展した「中壢事件」が起こっていた。許信良（一九四一－）は国民党に抜擢された本省人政治家であったが、政府批判を繰り返したため七七年の統一地方選挙において桃園県長候補として党の公認を得られなかった。これを不服とする許は、出馬を強行し、党籍を剥奪されたが、若い世代などの支持を得て国民党公認候補を破り当選する。この開票時に、当局は許の当選を阻むため、投票用紙を汚して無効票にする不正を試みた。すると、一万人を超える群衆が抗議のために街頭に出て、ついには中壢市の警察署を焼き討ちにした。

美麗島事件で逮捕される民主化運動家たち　©新台湾研究文教基金会

蔣経国はこの事態に対し、発砲による鎮圧は行わなかった。しかし、事件の発生に大きな衝撃を受けたとされ、党外勢力への締めつけは強化された。一方、党外勢力は活気づき、翌七八年に予定されていた国政選挙（立法委員および国民大会代表の増加定員選挙）に向け、候補者を共同で応援する「台湾党外人士助選団」を結成するなど組織化の試みを進めた。ただし、七八年末にアメリカが中華民国との断交を発表したため、選挙は蔣経国により延期される。翌七九年一月、高雄の有力政治家で党外勢力との連携を深めていた余登發（一九〇四－八九）が反乱の容疑で逮捕されると、党外勢力は政治迫害に反対する運動を活発化させた。

このような状況下、同年八月、前出の黄信介、施明徳（第二章参照）らが政論雑誌『美麗島』を創刊した。美麗島雑誌社は、台湾全島の一一か所にサービス・センターを開設し、大衆集会を開くなど活発な運動を展開した。同誌は各地で大いに注目を集め、創刊号は一〇万部を超える爆発的な売り上げを記録したとされる。同年一二月一〇日、同誌は世界人権デーに合わせ、台湾南部の高雄市内でデモを実施した。この時、警官隊と松明を持った群衆との間で衝突が発生すると、政府は後日、党外勢力のリーダーたちを次々と逮捕していった。これが美麗島事件、ないし高雄事件と呼ばれる事件である。

衝突発生後、政府はデモ隊側の暴力性のみを宣伝して事態を収めようとした。これに対し、台湾島内外の人権活動家らは香港や日本、アメリカに向けて情報を発信し、国民党の暴力性を訴えた。アメリカでは、台湾キリスト長老教会関係者をはじめとする台湾人コミュニティが、手紙などを通じてアメリカ議会に積極的に働きかけを行った。

さらに、翌一九八〇年二月二八日、事件で逮捕されていた党外政治家である林義雄（一九四一－）の母親と双子の娘が自宅で何者かに殺害されるという凄惨な事件が発生し、台湾の市民や国際世論は国民党への反発を著しく強めた。この事件は真相が不明な点も多いが、近年の歴史研究により、林の家は国民党政権による盗聴や監視の対象となっていたため国民党政権が事件を把握していなかったとは考えられないことや、事件後に証拠隠滅が図られた疑いが濃厚であることが分かっている（促進転型正義委員会『林義雄宅血案調査報告』）。

国民党内の人権擁護論

内外からの圧力が強まるなか、国民党政権は逮捕した活動家らを厳しく処罰することが難しくなっていった。同年三月、美麗島事件に関する軍事法廷が開かれる。そこでは、反乱罪で起訴された被告の数が八人にまで絞られたほか、通常とは異なる公開形式で実施され、死刑判決も出なかった。

この裁判の弁護団のなかからは、陳水扁（一九五〇－）や謝長廷（一九四六－）ら、その後の党外運動を牽引し、民進党の中心的政治家となっていく人物が現れた。一方、台湾キリスト長老教会総幹事の高俊明（一九二九－二〇一九）は、この事件に際し、施明徳の逃亡を幇助した罪を問われて入獄することになる。

美麗島事件の処理過程において、国民党内には、蔣経国に対し人権問題の対応を誤らないよう訴えた陶百川（一九〇三－二〇〇二）のような人物もいた。陶は古参の国民党員で、監察委員（中華民国憲法下で公務員に対する弾劾権などを行使する民意代表）などを歴任し、美麗島事件発生時の身分は総統府国策顧問であった。陶は美麗島事件の容疑者の家族らと接触し、施明徳が死刑になるのを防ごうと尽力した。

蔣経国がこのように比較的穏健な対応を選択したことに鑑みれば、陶の訴えは一定程度の影響力があったかもしれない。しかし、陶の思想は党内では危険視されてもいた。なぜなら、陶はアメリカ式の政治体制を理想とし、政府に反対する野党の存在は民主主義にとって不可欠との考えを持っていたためである。陶は美麗島事件について、異なる政治的主張を持つ人びとがデモを行うことは民主主義国家において一般的な現象であるとも訴えていた。このような姿勢は、当時、国民党内よりもむしろ党外勢力から肯定的に評価された。

陶は、林義雄家族殺害事件の犯人と誤って疑われたブルース・ジェイコブズ（Bruce Jacobs, 一九四三－二〇一九）の釈放のためにも動いた。ジェイコブズは台湾政治を専門とするアメリカ出身の研究者で、党外勢力と接触があった。ジェイコブズをめぐっては、アメリカの対台湾窓口機関である米国在台湾協会（American Institute in Taiwan, AIT）も、国民党政権に対し水面下で穏健な対応を要求していた。同協会は、アメリカが中華民国と正式な国交を断絶したことへの対応として設置した機関であり、事実上の大使館に相当する。

蔣経国はこの問題でも台湾内外からの圧力にさらされていたことがわかる。

美麗島事件の全体的な構図は、「抑圧的な国民党体制」と「人権擁護を訴える反体制勢力」の対立であり、後者がアメリカ議会や世論の支持を勝ち取った。ただし、国民党内にも陶百川のように人権擁護を訴える声がわずかながら存在していた。陶は「反共」や「中国と台湾の統一」を掲げる論客であり、反国民党勢力とは追求する政治理念が大きく異なる。ところが、両者は民主、自由、人権といった価値観が海外、とりわけアメリカからの支持につながるという認識を共有していた（家永真幸「台湾からみた人権問題の争点化」）。

　このことから、一九七〇年代末の台湾島内では、国民党政権と反国民党勢力との間で民主、自由、人権を主題として、アメリカの支持の争奪が展開され始めていたことが看取される。それに自覚的だった陶は、国民党内では評価されず、むしろ反国民党勢力から評価された。この錯綜した対立関係の均衡点を見つけるのが、後述する九〇年代に国民党のトップでありながら反国民党世論を追い風に政治体制改革を進めた李登輝と言えるかもしれない。

人民共和国の台湾「解放」路線

　七九年にアメリカが人民共和国と国交を樹立したことは、台湾の民国政府にとって大きな打撃であった。一方、人民共和国の共産党政権は、経済発展のためにアメリカとの関係改善を選択したのにともない、台湾に対する政策も大きく変更させることになった。

ここでいったん時代をさかのぼり、七九年以前の中国共産党の対台湾政策を概観しておきたい。台湾の領有権に関する中国共産党の見解は、二一年の建党から四三年のカイロ会議までは、今日とは異なり非常に不鮮明だったとされる。具体的には、台湾を中国の本来の領土に含める時もあれば含めない時もあり、さらには日本の帝国主義に対する抵抗という文脈で台湾の独立を支持する意向を表明したこともあった。しかし、四三年に蔣介石らがカイロ宣言を発出すると、その主張に合流する。さらに、四九年の人民共和国建国後、五〇年の朝鮮戦争勃発を契機にアメリカの軍事的圧力が高まり、台湾を「武力解放」するのは困難な状況が生まれると、台湾は中国の領土だとする主張をいっそう明確にした（中川昌郎「中国における台湾人組織」）。

五三年一月にアメリカでアイゼンハワー政権が成立すると、その支援の下で国民党政権は中国大陸の浙江省周辺への空爆などの軍事行動を活発化させ、台湾海峡地域の緊張が高まった。人民共和国はアメリカによる中国包囲網構築を牽制し、また内外の反応を分析するため、五四年九月には福建省沿岸の金門島を砲撃し、一一月には浙江省沿岸の大陳島への爆撃などを行う。一連の軍事衝突は「第一次台湾海峡危機」と呼ばれる（福田円『中国外交と台湾』）。

これに対し、アメリカは同年一二月に米華相互防衛条約を締結し、中華民国をアメリカの安全保障の枠組みに組み込んだ。この条約交渉が進む間、共産党政権は「いかなる外国勢力であれ中国人民による台湾解放を妨害しようとするのは、中国内政に対する粗暴な干渉である」と声明し、アメリカの行動を非難した（『人民日報』一九五四年一一月二〇日）。

五五年、蔣介石はアメリカの要請により、浙江省で唯一支配下に残していた大陳列島から軍を撤退させる。これにより、中華民国が大陸中国沿海部で支配する地域は福建省の金門島と馬祖列島だけとなった。この状態は今日も維持されている。私たちは近年、「中華民国」とほぼ同義で「台湾」という語を使うことが多いが、そこに中国大陸沿岸の島が含まれているのはこのためである。

第一次台湾海峡危機に際し、アイゼンハワー政権は核攻撃の可能性も示唆したことから、共産党政権にとって台湾を武力解放することはいっそう難しくなった。そのため、共産党政権は台湾を「平和解放」する方針にも言及するようになった。ただし、アメリカが中国共産党に台湾への武力攻撃を放棄させる道を模索していたのに対し、それには応じなかった。五八年八月、共産党政権の人民解放軍は再び金門島を砲撃するが、アメリカの介入を招くと見て行動を収束させた（第二次台湾海峡危機）。これ以降、人民共和国は金門島と馬祖列島をただちに取り戻すという強硬姿勢を示さなくなり、台湾問題に関しては外交交渉など政治的な手段を重視するようになる（山口信治『毛沢東の強国化戦略』）。

平和統一政策への転換

七〇年代の台湾では、自然の摂理による世代交代を重要な背景とする政治や社会の変動が進んだが、同時期には大陸中国でも毛沢東の死去にともなう指導者の交代が発生した。新たに権力の座に着いた鄧小平は、経済発展のために対米関係の改善を推進すると同時に、従来の対台湾政策にも大きな変更を加えた。

七九年一月一日、アメリカとの国交樹立と同日、人民共和国は全国人民代表大会常務委員会名義で「台湾同胞に告げる書」を発表した。同文書は、武力により台湾を「解放」する方針には一切言及せず、軍事的な対峙状態を終わらせるために人民共和国政府と台湾の当局は交渉を進めるべきだと訴えた。また、台湾海峡両岸間の航路や郵便を開放し、交流を拡大していくことも呼びかけた。同文書発出と同時に、共産党政権は第二次台湾海峡危機以降も形式的ながら続けていた金門島への砲撃を停止した。一般に、人民共和国の台湾に対する基本方針は、七九年を境に「平和解放」から「平和統一」へと変化したと評される。

これと前後して、共産党政権は、社会主義を標榜する人民共和国の下で台湾を中国に統合した後も、台湾の政治や経済体制を強制的に変更する意思はないと表明するようになっていく。八一年九月、人民共和国の全国人民代表大会常務委員会委員長である葉剣英（一八九七－一九八六）は、九項目から成る対台湾政策（「葉九条」）を発表した。そこでは、台湾に特別行政区を設け、高度な自治権を与え、軍隊も置いてよく、中央政府は台湾の地方事務に干渉しないとする構想が示された。さらに、八二年に改正された中華人民共和国憲法（現行憲法）には、特別行政区の設置に関する規定が新たに加わる。

これらの構想は後に「一国二制度」と呼ばれるようになっていく。なお、この制度は、当初は台湾との統一実現のために提起されたものであったが、台湾に先立って香港返還に際して適用されることになる。台湾向けと香港向けではその内容に異同はあるものの、後の台湾問題解決の模範事例とすることが目指された。香港は、八四年に人民共和国とイギリスの協議がまとまり、九七年に返還されることになる。二〇一〇年代に人民共和国による香港の民主化デモに対する弾圧が台湾社会で大きな反発を招いたのは、まさにこのような背景があったためである（第五章参照）。

共産党政権の対台湾政策の転換に対し、国民党政権は「三民主義によって中国を統一する」という対大陸政策を提唱し、共産党政権主導による中国統一構想を拒絶した。三民主義とは国民党が「国父」と呼ぶ孫文（一八六六－一九二五）がかつて掲げた理念であり、国民党政権は台湾で経済や社会の建設を成功させることで、自身の政治理念が共産主義に勝ることを証明しようと訴えたのである。さらに蔣経国は、八二年七月には、接触・交渉・合意の三つを拒否する「三不政策」を提起し、大陸中国との交流拡大を禁止した。

ところが、人民共和国が台湾産品の輸入制限を緩和したため、台湾と大陸中国の間では、当時はまだイギリスの植民地であった香港を経由した交易が活発化した。台湾は機械製品をはじめとする輸出を拡大させ、大陸中国への経済的依存を強めていった。国民党は八〇年代を通じてこの現実を追認せざるを得なくなり、蔣経国の最晩年の八七年には台湾住民の大陸中国への親族訪問を解禁するにいたる。

八〇年代台湾の政治変動

共産党政権からの「平和統一」の呼びかけが強まる間、台湾島内では政治変動がさらに進行していた。国民党政権は党外運動が海外の台湾独立運動や人民共和国支持派と結びつくのを依然として恐れており、八〇年代にも国民党の関与が疑われる怪事件が発生している。八一年七月には、アメリカのカーネギー・メロン大学の教員であった数学者の陳文成（一九五〇‐八一）が、帰省中に台北の国立台湾大学キャンパスにおいて遺体で発見された。陳は『美麗島』誌に寄付金を出すなど、党外勢力による民主化運動を支持していた。八四年には、アメリカ国籍の華人で『蔣経国伝』の著者であった江南（本名は劉宜良、一九三二‐八四）が、台湾の暴力組織「竹聯幇」により、サンフランシスコ郊外の自宅で暗殺される事件が起こる。これらの事件を受け、アメリカは蔣経国に対して民主化圧力を強めた。

この間、台湾島内の党外勢力は、政党結成に向けて動き始めた。八二年、台湾全島の党外人士が台北の中山堂に集まり、共同政見を決議する。党外運動は、ここに掲げられた「台湾の前途は住民が自決する」との旗印の下に統合されていき、八三年の立法委員増加定員選挙や八五年の地方選挙を戦った。八六年、同年末に予定されていた立法委員、国民大会代表の増加定員選挙に向け、台北の圓山ホテルにて、党外後援会の大会が開かれる。その席上、集まった一三二人が突如、民主進歩党（民進党）の成立を宣言した。

蔣経国は、同年の海外メディアとの会見の場で、いかなる新党も中華民国憲法を遵守し、反共の国策を支持し、台湾独立派と一線を画さなければならないと語った。これは、政党の新規結成を規制していた従来の政策を転換し、民進党の結成を黙認することを意味していた。

　蔣はさらに、八七年に総統令を発し、台湾省で三八年間にわたり敷かれてきた戒厳令を解除する。これにともない、新聞の発行制限も八八年元日をもって解除された。蔣はこの頃にはすでに体調がかなり悪く、同年一月に死去した。

　蔣の晩年の改革により、台湾では政治の自由化が進んだ。しかし、言論を統制する諸制度はまだ残されていた。活動家の鄭南榕（一九四七－八九）は、八四年に党外雑誌『自由時代』シリーズを創刊し、「百％の言論の自由」の獲得を訴えてきた。八八年、同誌が許世楷（第三章参照）の手になる「台湾共和国憲法草案」を掲載すると、鄭は反乱罪の嫌疑をかけられた。鄭は裁判所への出頭を拒否し、翌八九年四月、逮捕を強行しようとした機動隊を前に抗議の焼身自殺を遂げた。

李登輝による憲政改革

　八八年に蔣経国が在任中に死去したのにともない、副総統であった李登輝が本省人として初となる中華民国総統に就任した。農業経済学者だった李は、七〇年代初頭に蔣経国に抜擢されて政界入りし、台北市長、台湾省政府主席と出世ルートを歩み、八四年から副総

総統就任時（1988年）の李登輝　©中華民国総統府

統に就任していた。李は蒋の下で粛々と任務をこなしていたため、それまでは野心のない政治家と目されており、総統職を継承した後もしばらくは控えめな姿勢を保っていた。しかし、李は次第に大胆な改革に着手していった。

李は第一に、中華民国の国際社会での活動空間を開拓することを課題とした。なぜなら、当時の台湾社会は経済発展を遂げ、さらに部分的な民主化が進んだことで自信を深め、相応の国際的地位を求める声が高まっていたからである。蒋介石および蒋経国時代の民国は、人民共和国との共存を拒んだがために自らの外交空間を狭めていた。そのため、李の改革は、共産党政権を「反乱」団体と見なす「反乱鎮定動員時期臨時条項」下の中華民国憲法（第二章参照）を見直すことで、台湾と大陸中国との関係の再定義を試みた。なお、李は時に台湾独立運動を推進した政治家かのように評されることがあるが、この時点ではあくまで国民党籍の政治

野百合学生運動　Bubbha at English Wikipedia, CC BY-SA 3.0,via Wikimedia Commons

家として、また「中国」を自任する中華民国総統として振る舞いながら、次第に台湾の主体性を確立する改革を進めた点に留意する必要がある。それこそが李の政治家としての手腕だったとも言える。

九〇年の国民大会期間中、台湾では「万年国会」の解消を求める大規模な学生運動が発生していた（「野百合学生運動」）。これに対し、李は国民党内の保守派に配慮しつつも、民主改革派としての姿勢を鮮明に打ち出し、反体制派の取り込みを図った。李は、手厚い退職金を提示することで終身任期の国民大会代表たちを説得し、九一年の国民大会で反乱鎮定動員時期臨時条項の廃止を決議させた。同時に、この国民大会は、憲法本文には手をつけず修正条項を追加する方式により、初めての憲法改正を可決した。この改正により、中央民意代表の選挙人と被選挙人は国民党政権の統治が及んでいる「自由地区」と呼ばれる地域の公民に限定され、「大陸地区」の公民は排除されることになった。この後、九二年の第二回、九四年の第三回憲法改正を経て、台湾では九六年三月に最初の総統直接選挙が実施されることになる。

李は憲政改革を進める一方、九一年に対大陸政策の基本原則として「国家統一綱領」を定めた。同綱領は、中国を一つに統合するという国民党政権の目標は維持したまま、台湾海峡両岸の政府は「二つの異なる政治実体」だとの認識を示し、台湾と大陸中国との良好な関係構築を訴えるものであった。同年、大陸中国との交流の窓口機関として財団法人海峡交流基金会（海基会）が成立し、大陸中国側に設けられたカウンターパートである海峡両岸関係協会（海協会）との間で意思疎通のルートが拓かれる。

中国の民主化運動と台湾問題

七〇年代から八〇年代にかけて台湾で民主化運動が大きく拡大していく間、大陸中国でも政治改革の機運が高まっていた。しかし、台湾では国民党の一党支配を正当化する制度が漸進的に廃止されていったのに対し、大陸中国では民主化運動の盛り上がりがあったものの、最終的に共産党の一党支配体制が堅持された。
七〇年代末、人民共和国の首都である北京では、六〇年代後半から七〇年代後半にかけての文革（第二章参照）で発生した混乱への反省から、民主や人権を求める運動が盛り上がった。しかし、鄧小平が権力を固めると、七九年三月には代表的な民主活動家だった魏京生（一九五〇－）が逮捕されるなど、運動は弾圧された。一方、同年七月には選挙法が改正され、ごく限定的ながら候補者間の競争原理が導入されるなど、共産党政権の主導による改革の試みも見られた。

しかし、共産党政権は基本的に民主化運動に強い警戒を示していた。共産党中央が八〇年一月に召集した幹部会議における鄧小平の講話のなかには、社会主義制度と共産党の指導に公然と反対する「民主派」を非難する文脈で、以下の文言が見られる。

> 彼ら〔民主派〕の旗じるしは非常にはっきりしている。ときには毛〔沢東〕主席を擁護し、共産党を支持するとも言うが、実質的には共産党の指導に反対し、社会主義に反対しているのだ。こうした連中のほんとうの気持ちは、社会主義は資本主義に及ばず、大陸は台湾に及ばないという所にある。もちろん、彼らにしても、資本主義とは何か、

台湾の実状はどうかを知っているわけではない。誤って道を踏み外した者が少なくないのだから、教育して、救い出す必要がある。だが、これらいわゆる「民主派」の全般的な傾向と真の目的が何であるかは、はっきり知らなければならず、あまりに無邪気であってはならない。

（鄧小平「目前的形成和任務」）

ここで鄧小平が指摘していることは一面では的確である。すなわち、当時の台湾は決して「民主派」が理想とするような政治状況ではなく、むしろ国民党政権は民主化を求める市民が反体制の声を高め、共産党に傾斜したり台湾独立運動と結合したりするのを警戒し、それを抑圧していた時期にあたる。しかし、ここで鄧小平は「民主」を求める声が資本主義の肯定、台湾の肯定といった発想と結びつき、それが共産党の指導への反対という形をとることを強く警戒している。この後、九〇年代に入ると、台湾では実際に中華民国憲法改正による民主化が進行する。ここで示された警戒はより実質的な危機感を帯びていくことになり、今日にいたるものと推察される。

ジャイアント・パンダ贈呈構想

大陸中国の反共産党運動が台湾問題と連動することへの警戒は示していたものの、七九年以降の共産党政権は上述のとおり、平和統一の目標を掲げて台湾と交流を拡大していく方針をとっていた。そこでは台湾に対してさまざまな働きかけがなされたが、日本から大陸中国の南京に移住した台湾出身者である劉彩品（第三章参照）は、そのなかで興味深い貢献を見せている。

八〇年代の人民共和国では台湾との交流を念頭においた諸団体が次々と設立されたが、劉は八一年に成立した中華全国台湾同胞聯誼会という組織に準備段階から携わり、理事に就任した。その設立準備会議の場で、劉は台湾にジャイアント・パンダを贈呈する案を披露したという。なぜ劉はそのようなアイデアを得たのか。後に劉がインタビューに答えたところによると、劉は七八年、大陸中国とは往来できない台湾に住む母親と会うため、出張先の東京で落ち合い、上野動物園を遊覧した。そこで人民共和国から贈られたパンダが人気を集めていたことから、その着想を得たのだという。

八一年時点ではアイデアを開陳しただけだったようだが、八七年になると劉は台湾へのパンダ贈呈を積極的に提案するようになる。ついには同年四月、台北市立動物園の移転祝いとの口実で、北京動物園がパンダ贈呈の意向を表明するにいたる。当時は台湾側で大陸中国との交流を拒絶する「三不政策」の形骸化が進んでいた時期にあたる。劉らがパンダを贈ろうとする狙いは、パンダの魅力を利用して台湾側の拒否を突き破って台湾海峡両岸間の交流を拡大することにあったと考えられる。

実際、台湾側ではパンダ受け入れ待望論もあり、大陸中国側では香港経由でのパンダ輸出の手続きを進めていた。この間、台湾では蔣経国が死去し、李登輝が総統職を継ぐ。権力移行の不安定な時期であったこととの影響は定かでないが、結果的に国民党政権はパンダを受け入れなかった。蔣経国時代以来の基本方針に従ったということになろう。その後も大陸中国からの働きかけは続いたが、九〇年代に入ると台湾のパンダ受け入れ熱はいったん下火になる。次にパンダが焦点となるのは、後述する二〇〇五年のことである。

天安門事件の影響

人民共和国における政治改革をめぐる論議は、八六年頃から再び盛り上がった。ところが、共産党内の保守派からは、資本家階級を利するような改革は「ブルジョワ自由化」であり、共産党の理念に反すると非難の声が上がった。その結果、八七年一月には、鄧小平の片腕だった胡耀邦（一九一五－八九）総書記が、政治改革に前向きだったために辞任に追い込まれた。共産党員の天体物理学者で、学生らによる民主化運動の支持者であった方励之（一九三六-二〇一二）は、ほぼ時を同じくして共産党から除名された。

しかし、その後も自由や民主を求める運動は続き、八九年四月に胡耀邦が急逝すると、追悼集会との名目でデモが発生した。さらに五月には北京の天安門広場に各地から学生が集まり、最大時で一〇〇万人ともされる規模にまで膨らんだ。これに対し、政府当局は六月四日未明、戦車を投入してデモ隊を鎮圧した。いわゆる「天安門事件」である。

事件後、共産党内では学生の運動に融和的だった趙紫陽（一九一九-二〇〇五）総書記が解任され、代わって江沢民（一九二六-二〇二二）が抜擢された。一方、国際社会では、共産党政権が自由と民主主義を求めた人びとに銃口を向けたことに対し、同年七月の第一五回先進国首脳会議（G7）で中国への経済制裁が決議されるなど、欧米を中心に厳しい目が向けられた。共産党政権はこれに「内政干渉」だと反発しつつも、経済発展のための対外開放政策は維持していたことから、アメリカや日本との早期の関係改善を模索した。その過程で、共産党政権は逮捕者の大量釈放や、方励之夫妻のアメリカへの亡命黙認など、欧米社会の求める「人権」問題に配慮する姿勢も見せ始めた。

この間、台湾では李登輝が反体制派の声を聞きながら、むしろそれを国民党内の反李登輝派を牽制するために利用しながら、政治体制改革を進めていた。既述のとおり八〇年代の台湾では依然として反体制的な政治運動に対する厳しい抑圧が続いていたことから、アメリカの政府や世論は国民党政権に対し厳しい目を向けていた。一方、七〇年代から八〇年代にかけてのアメリカ政府は概して対中融和政策をとっていたため、大陸中国の人権問題には大きな関心を払ってこなかった（湯浅成大「米中関係の変容と台湾問題の新展開」）。このような人権をめぐる台湾と大陸中国の国際社会におけるイメージは、八九年の天安門事件を機に逆転したとも言えるかもしれない。

なお、日本政府は天安門事件に際して、人権問題と対中関係への配慮との狭間で揺れていた。当時警察庁から北京の日本大使館に出向していた南隆は、中国当局が事件後も活動家の摘発を続けていた時期について、「日本大使館では、『男気を出すな。塀を乗り越えて逃げ込もうとする中国人がいれば、追い返せ』と領事部長が館員を叱咤したが、何ともわが国らしい対応であった」と回想する。また、同年一二月にはハイジャックされた中国機が福岡空港に降り立ち、ハイジャック犯の中国人が政治亡命を希望するという事件が発生するが、このとき日本政府は捜査権の行使を放棄してハイジャック機を中国に帰還させた。亡命希望者がハイジャック犯であるという難しい状況下、欧米の人権団体が反対するなか、日本政府は最終的に犯人を中国に強制送還し、犯人は八年の懲役刑となった（南隆「元警察庁幹部が見た『天安門の夜』」）。

劉彩品と天安門事件

天安門事件への反応として、先にパンダ贈呈を提起した劉彩品の動きは非常に興味深い。少し時代を遡るが、劉は八三年に第六期全国人民代表大会の台湾省代表に選出された。全国人民代表大会は人民共和国の最高権力機関に位置づけられている立法府だが、本人へのインタビューによると、劉は全会一致の慣行を破り、初めて反対の意思表示をした議員になったという。日本で言えば国会に相当する場において、わざわざ全会一致にするという一見不毛な慣行が存在する原因については、共産党による指導が支持されていることを「確認」するための儀式であるからだと、差し当たり理解しておけばよいだろう（呉国光『権力の劇場』）。

劉は人民共和国の事情をよく分かっていなかったためにこのような態度をとってしまったようだが、その後罷免されることはなかった。なぜなら、劉には実質的に政治を変える影響力がない一方、その態度は人民共和国にとって、「民主がある」と対外的に宣伝するのに有用であったからだ。劉は自身が特別な立場にあることを十分認識しており、後にそれを自嘲的に語っている。八九年の天安門事件後、劉は政府の対応に憤り、デモの弾圧を主導した李鵬（一九二八－二〇一九）国務院総理の罷免案を提出したともいう。それでも、劉は「民主の花瓶」であることが期待され、その後も全国人民代表に留任された（劉彩品「私は『反日』と言ってはばからない」）。

天安門事件と劉のつながりについては、研究者としての専門が近かったためか、劉は民主化運動の中心人物であった方励之と親交があった。読売新聞北京支局特派員だった濱本良一（一九五二－）は、八八年夏に劉から「面白い学者がいる」として方を紹介されたという（濱本良一「科学者の目で中国共産党を批判」）。事件後、九一年に日本の中国研究所がおこなったインタビューにおいて、劉は天安門の学生運動について次のように評価している。

> あの運動はいま思い出しても感動的ですよね、非暴力的といい、若い人の体力をかけての絶食といい40数キロの道程のデモといい……。それに対してタンクと機関銃を用いた政府は許せないですね。〔略〕
>
> 私は、六・四〔天安門事件〕は、軍を握っている長老達が馬鹿なことをやってくれた

ものだと思うね。人民共和国成立以来、人民、人民の国、人民の軍隊の概念が全部ひっくり返った一撃ですからね。〔略〕

20年暮らしてきて、中央集権統治というのは問題だなと感じました。だから台湾なんて何も統一することないね（笑）。統一したら今の台湾がだめになるとかじゃなくて、人が解放されるためにね。

（劉彩品、木村博口述「中国滞在20年」）

同じインタビューのなかで、劉は南京の大気汚染について語る文脈で「人権がない所には公害なんて意識が生まれないでしょう」とも指摘している。劉の思想は決して無条件の共産党支持ではなく、むしろ個人の意思や生活は守られなければならないという理念が根底にあるように読める。

八九年の天安門事件発生後、南京大学の学生だった劉の二番目の息子は警察に追われ、日本に逃亡した。それを追いかけ、劉の夫の木村博も九〇年に日本に戻った。劉は国家プロジェクトを担当していた関係で、すぐには中国を離れられなかったが、九六年に再び日本に移住する。

日本において劉は、戦時中の四五年に発生した花岡事件についての謝罪と賠償を求める運動を支援する活動に携わった。同事件は、秋田県の花岡鉱山に強制連行された中国人が劣悪な環境下での労働や飢えに耐えかねて蜂起し、鎮圧により合わせて四〇〇人以上の死者を出したものである。大館市では今日も慰霊式がおこなわれているほか、二〇一〇年には事件を語り継ぐために「花岡平和記念館」が建設された。

天安門事件後の対台湾政策

一九八〇年代の鄧小平の「一国二制度」による台湾との統一構想は、前述のとおり統一後も台湾が独自の軍隊を持つことを容認するなど柔軟なものであった。ところが、八〇年代末に大陸中国では天安門事件が起こり、台湾では後述のように李登輝政権が民主化を推進すると、共産党政権が掲げる一国二制度は「主権の分散を一切認めない」という性格を強めたとされる（竹内孝之「顕在化する米中覇権争いと中台関係」）。

この時期には、対台湾政策の基本方針にも、八〇年前後の時期と比べて一定の変化が見られるようになる。具体的には、武力行使への言及が増えていくのである。江沢民は八九年九月、総書記就任後最初の内外メディアを招いての記者会見において、台湾の『中国時報』紙記者に対し、「私たちの方針は平和統一だが、武力を使用しないとここで約束することはできない。約束しないことが、平和統一にいっそう有利であると私は思う」と述べた。さらにこの時、江沢民は「そのような約束をしないのは、外国の干渉勢力や分裂主義分子に向けたものである。私は台湾の同胞がその中の道理をはっきり理解してくれさえすれば、反対する理由はないはずだと信じている」と記者に伝えたとされる（北京市台湾事務辦公室ほか編『台湾問題重要文献資料彙編』）。

一方、九二年一二月の海協会（前述）成立一周年座談会において江沢民が行った発言を見ると、武力の使用に関して一歩踏み込んだ表現がなされている。すなわち、「私たちは平和的な方法を用いて国家の統一を実現すると主張している。しかし、もし『台湾独立』勢力や外国勢力が現れ中国を分裂させようとすれば、必ず断固たる措置をとり、国家主権と領土保全を決然と守る」という（『人民日報』一九九二年一二月二六日）。

このような厳しい姿勢は、九三年九月一日付で国務院台湾事務辦公室と国務院新聞辦公室が連名で発出した政策文書「台湾問題と中国の統一」の中で明確に示されることになる。同文書は、武力行使について「平和統一は中国政府の既定方針である。しかし、どの主権国家にも軍事手段を含め自身が必要と考えるあらゆる手段をとり、本国の主権と領土保全を守る権利がある。中国政府は本国内部の業務を処理するためにいかなる方法をとる場合も、外国や中国の分裂を図る者に対して承諾を求める義務はない」と述べた上で、台湾独立を次のような表現で牽制する。

> 当然ながら、台湾同胞が一家の主として台湾を管理することを希望するのは人情と道理にかなっており、正当なものであるが、これは「台湾独立」と同じではなく、ごく少数の「台独」の道を頑固に歩もうとする人とはさらに根本的な違いがある。ごく少数の「台独」分子は「独立」を鼓吹し、はなはだしきは外国に頼り、台湾を中国から分離させようと企んでいる。これは台湾の同胞を含むすべての中国人の根本利益に反するものである。中国政府はこの事態の進展を真剣に注視し、「台湾独立」を造り出そうとするいかなるおこないも座視しない。
>
> （『人民日報』一九九三年九月一日）

ここには、当時まさに民主化が進行していた台湾に向け、民主化を求める民意が台湾独立の動きまで支持することのないよう牽制する意図が見て取れる。なお、武力は台湾の同胞に向けられているのではなく、あくまで中国統一に干渉し「台湾独立」を図る外国勢力に向けられているのだとする訴えは、後の九五年に江沢民が発出した八条から成る講話

「祖国統一の大業の完成を促進するために奮闘を続けよう」（いわゆる「江八点」）や、二〇〇〇年に国務院台湾事務辦公室と国務院新聞辦公室が連名で発表する政策文書「一つの中国原則と台湾問題」等に引き継がれていく。

　これらの言説が江沢民の党総書記就任後に定式化していった原因を特定することは難しい。一面では、当時は共産党政権が一国二制度の香港返還への適用を試みていた時期にも当たるため、九一年一〇月の香港立法評議会選挙で民主派が圧勝したことや、九二年七月に香港総督に就任したクリス・パッテン（Christopher Francis Patten, 一九四四－）が民主化改革を打ち出したことの影響を考慮に入れる必要があるだろう。しかし、より直接的には、当時の台湾では以下で述べるような李登輝主導の政治改革が進んでいたため、民国政府が祖国統一事業から離脱し、台湾独立へと向かうことへの警戒が高まっていたことが大きな要因であったと考えられる。

総統選挙と第三次台湾海峡危機

　国民党政権の李登輝総統は、九三年に党内保守派の重鎮だった郝柏村（一九一九－二〇二〇）を失脚させ権力基盤を固めると、前述のとおり憲政改革による民主化を進める傍ら、台湾の主体性を国際社会に印象づける言動を強めていった。九六年三月に行われることになった総統直接選挙に向けた政局のさなか、李は九五年六月に母校であるアメリカのコーネル大学で「民の欲する所、常に私の心にあり〔Always in My Heart〕」と題する講演を行った。講演のなかで李は、中華民国の台湾における政治改革と経済発展を「台湾経験」と呼び、その成果を強調した。

李はこの訪米について、密使を通じ中国の江沢民政権に事前に伝えていた。しかし、共産党政権側の反発は大きく、李の訪米後、中国側は海基会、海協会の間の事務接触を中断する。さらには同年七月から翌九六年三月にかけ、台湾海峡での軍事演習による威嚇とメディアによる李登輝批判を展開した。

李はこの間、九五年八月に総統選挙の国民党公認候補となった。野党の民進党は、亡命先のアメリカから台湾に戻っていた彭明敏を擁立した。投票日を直前に控えた九六年三月上旬、共産党政権の人民解放軍は台湾海峡で波状的な軍事演習を開始する。これに対し、台湾の総統選挙の平和的遂行を求めるアメリカは、中国政府に懸念を伝えるとともに、空母を台湾周辺海域に向かわせた。この圧力により、一時は一触即発の事態も懸念されたが、中国側は演習を縮小させ、危機は収束する（「第三次台湾海峡危機」）。ここで危機が抑止されたことは、おそらく共産党政権の意図に反し、現職の総統である李に有利に働いた。李は54％の得票率で、二位の彭明敏の21％に大差をつけて当選を果たした。

新たに四年間の任期を得た李は、選挙期間中に緊張した台湾海峡両岸の対話再開を求める一方、経済安全保障の観点から人民共和国による台湾企業の抱き込みを警戒し、九六年九月以降、大陸中国への投資を規制する政策を推進した。しかし、九七年四月には、形式上は民間の協定によるものながら、国共内戦以来五〇年ぶりの中台間の船舶直航が開始されるなど、経済的な交流は拡大していった。九八年には、共産党政権側からの呼びかけや、アメリカのクリントン政権から東アジア地域の安定を求める圧力もあり、李政権は海基会を通じた海協会との間の対話を再開させる。

一方で李は、国際法学者の蔡英文を座長とする研究グループを立ち上げるなど、中華民国の「主権国家としての地位強化」の手段を模索していた（黄偉修『李登輝政権の大陸政策決定過程』）。九九年には、ドイツのメディア取材に対し、台湾海峡両岸の関係は九一年の中華民国憲法改正をもって「少なくとも特殊な国と国の関係になった」とする、いわゆる「二国論」発言を行う。すると、「中国は一つである」という原則下での政治交渉を求める共産党政権は強く反発し、武力行使の示唆も含む非難を繰り広げ、回復したばかりの対話を中止させた。この発言はアメリカのクリントン政権からの不興を買い、さらには台湾の株式市場を動揺させ、台湾の政局は混乱することになった。

民進党政権の誕生と藍緑対立構造の形成

二〇〇〇年三月、台湾で二度目の総統直接選挙が実施された。李登輝はこの選挙には出馬せず、国民党は連戦（一九三六－）を候補者に立てた。ところが、李との関係を悪化させた有力政治家の宋楚瑜（一九四二－）が国民党を割って出馬したため、選挙戦は民進党の陳水扁候補との三つ巴《どもえ》となり、最終的に陳が当選した。こうして、中華民国憲法体制下で初めて、国民党からの政権交代が起こった。

民進党は前述のとおり反国民党の「党外」運動から生まれた政党であり、台湾に大陸中国から独立した「台湾共和国」を建国するのを究極的な目標に掲げている。しかし、民意の幅広い支持を獲得するため、同党はこの選挙に先立つ一九九九年の時点で「台湾前途決議文」を採択し、急進的な独立の主張を凍結していた。

李はなぜ自分で国民党の候補者として選挙に出ず、連戦を後任に選んだのか。院政を敷こうとした李の判断ミスであったとか、李と連の間の個人的な縁故によるものだとか諸説

陳水扁　via Wikimedia Commons

あるが、真相はよく分からない。いずれにしても、総統選の敗北を受け、国民党支持者および宋楚瑜支持者らは、李が水面下で陳を支援したのではないかと非難する抗議行動を活発化させた。李は最終的に、〇一年九月には国民党から除名される。

民進党は総統選挙で勝利したものの、立法院では過半数を獲得できなかった。そのため、国民党は新党（国民党内の反李登輝勢力が一九九三年に離党して結成した政党）および親民党（総統選挙で善戦した宋楚瑜が二〇〇〇年に結成）と連携し、「ブルー（汎藍）陣営」を形成し、陳水扁政権に対抗した。一方、〇一年、国民党内の李登輝寄りの政治家らが離党し、台湾団結聯盟（台聯）を結成した。陳水扁政権は台聯の支持を得て「グリーン（汎緑）陣営」を形成し、台湾政治は藍緑の二大勢力が対抗する図式となった。大まかに言って、ブルー陣営は大陸中国とのつながりを重視する人びとを主な支持層とするのに対し、グリーン陣営は大陸中国とは分離された台湾の独立性を重視する人びとを主な支持層とする。

陳水扁政権は当初、穏健な対中政策をとり、台湾海峡両岸交流の拡大を推進した。〇一年には、金門と馬祖の両島と福建省の間に限り、「通商、通航、通郵」の直接開放（「小三通」）が解禁された。一方、陳政権は、李登輝政権と同様、台湾経済の対中依存が過度に強まることにも警戒していた。そのため、李政権が一九九四年頃から海外投資を東南アジアに誘導する「南向政策」を採用していたのを継承し、東南アジアやオセアニアとの関係も重視した。

台湾の総統は任期四年で、同一人物が二期まで務められることから、陳水扁は再選を期して〇四年の選挙に立候補した。〇〇年の選挙で票が割れたために敗れた連戦と宋楚瑜は、この選挙では連携し、民進党政権に挑んだ。そのため、陳水扁は劣勢に立たされていた。選挙戦の最中の二〇〇三年、新型の感染症であるＳＡＲＳ（重症急性呼吸器症候群）が中国から世界的に拡大する。この時、台湾にも感染が拡大したにもかかわらず、中国は台湾に十分な情報を提供しなかったことから、台湾社会では共産党政権に対する不信感が高まった。陳陣営はこれを奇貨として、〇〇年とは異なり台湾独立志向の主張を前面に押し出した。結果として、陳は僅差で再選を果たした。

これに対し、共産党政権は台湾における民進党政権の長期化に危機感を強め、〇五年三月に「反国家分裂法」を制定し、台湾独立の動きを牽制した。同法には、「台湾問題を解決し、祖国統一を実現することは、中国内部の事務であり、いかなる外国勢力の干渉も受けつけない」という一九五〇年代以来の原則論および、国家主権と領土保全を守るために「国家は非平和的な方式およびその他必要な措置をとる」という天安門事件以降に強調されてきたメッセージがシンプルに書き込まれている（『人民日報』二〇〇五年三月一五日）。

このような強硬なメッセージを発する一方で、共産党は民進党政権を牽制するため、かつて内戦を戦ってきた仇敵であるはずの国民党との関係強化に動いた。〇五年四月、国民党の連戦主席が北京に招かれ、共産党の胡錦濤（一九四二－）総書記と会見する。国共両党のトップ会談は一九四九年の分断以来初めてであり、両者は歴史的な和解を演出した。連はさらに、同年一〇月には国民党名誉主席として再び大陸中国を訪問し、ジャイアント・パンダを抱くなどのパフォーマンスを行った。こうして国民党は、台湾における共産党の代理人として利用されるリスクをとってでも、大陸中国との関係の安定を求める台湾の民意に応えることで民進党政権に対抗していく方向に大きく舵を切った。

統一左派リーダーとしての陳映真

共産党と国民党が接近したことは、台湾において一九四五年以来維持されてきた政治上の対立構図が大きくねじれたことを意味していた。では、時代がそのような方向に大きく変わっていくなか、かつて国民党の一党支配時代に生命の危険や青春時代の大切な時間を賭けて親人民共和国的な立場を貫いた人びとはどうなってしまったのか。ここでは、これまで何度か言及してきた陳映真の事例だけを確認しておきたい。

陳は八三年頃から、統一派としての旗幟を鮮明にし、台湾独立論批判を積極的に展開していく。ただし、松永正義の考察によれば、陳の思想のうち「中国ナショナリズム」は統一論に直結したかもしれないが、もう一つ重要であった「社会主義思想」は統一論のみに回収されない重要な結実を見せたという。その表れとして、陳は八五年に『人間』という雑誌を創刊し（八九年停刊）、農村や労働者の問題、環境問題、原住民の問題などさまざまな社会問題をとりあげていく（松永正義「陳映真という作家」）。

この時期の陳が単純な統一論者でなかったことについては別の証言もある。八六年に人間雑誌社に入り陳の下で働いた廖為民（一九五四－）という出版人は、穏健な台湾独立思想を持って反国民党の党外運動に参加しており、陳とはイデオロギーが大きく異なっていた。しかし、陳はそのことを意に介さず廖に仕事を任せたという。廖は陳の人となりについて、「聖人君子」であり「高尚な人格と無私の精神を擁し、尊敬に値する」と最大限の賛辞を与えている（廖為民『我的党外青春』）。

一方、統一派としての陳は、台湾で戒厳令が解除された後の八八年、「中国統一聯盟」を組織し初代主席となった。陳は八九年に北京で天安門事件が起こった後も親共産党の姿勢を崩さず、九〇年二月には同聯盟の訪問団を率いて北京で江沢民と会談をおこなっている。その後も「社会主義の祖国」によって台湾が中国と統一されることを望む陳の意志は揺らぐことはなかった。ただし、陳の祖国としての大陸中国への愛情と、社会主義の理想の間には溝があり、苦悩は大きかったのではないかとの見方もある（陳明忠「陳映真的核心政治思想」）。

なお、共産党政権は九二年には社会主義体制においても市場経済の積極的な導入を推奨する方針を定め、大陸中国は高度な経済成長を遂げていく。これにともなう社会の変化に対応する形で、共産党は二〇〇〇年代初頭、私営企業家や個人営業者の入党を認めた。それまでの共産党は資本家階級と敵対する「階級政党」を自任していたが、これを大きく変更し、幅広い国民の利益を代表する国民政党へと転身を遂げたのである。

陳は〇六年、北京に移住する。陳の弟は民主台湾聯盟事件（第二章参照）で陳に連座して七年間入獄することになったのだが、その弟の生活のために陳の妻名義の台湾の自宅を抵当に入れたところ、住む家がなくなってしまい、ちょうどそこへ中国人民大学から長期講座の客員教授として招かれ宿舎を提供されることになったためだとされる。ところが、陳は北京到着後ほどなく、脳卒中で倒れて長期の療養生活に入ってしまい、台湾に戻ることなく一六年に亡くなった。陳と親交のあった作家の季季は、陳が亡くなる直前の一五年に発表したエッセイのなかで以下のように述べ、その無念を吐露している。

> 二九歳から左翼実践の道に進んだ陳映真は、〔一九六八年の〕いわゆる「民主台湾聯盟」事件が、三〇年以上経った後も影を落とし続けるとはおそらく思いもよらなかっただろう。最終的に彼はすべてを失い、本当の「無産階級」となり、故郷を遠く離れ、すでに資本主義化してしまった左翼の首都に移った。そこで病に倒れ、言語を失い、執筆能力を失ってしまったのだ。
>
> （季季『行走的樹』）

第五章　アイデンティティをめぐる摩擦

二〇二四年一月、台湾で総統選挙がおこなわれる。一九九六年の台湾での最初の直接選挙から数えて、今回は八回目にあたる。民進党は現職の蔡英文総統の後任候補として頼清徳（一九五九－）を擁立したのに対し、最大野党の国民党からは侯友宜（一九五七－）、第三勢力である台湾民衆党から市民に人気の高い柯文哲（一九五九－）が立候補し、三つ巴の争いとなっている。また、鴻海精密工業の創業者で資金力のある郭台銘（一九五〇－）も無所属での出馬を目指しており、選挙戦の駆け引きがいっそう複雑化することが見込まれている。

これまでの総統選挙では、九六年に当選した李登輝が一期四年間を務めた後、二〇〇〇年と〇四年は民進党の陳水扁、〇八年と一二年は国民党の馬英九、一六年と二〇年は民進党の蔡英文が勝利し、二期八年ごとに政権が交代してきた。いわば二大政党制のような状態で政局が推移してきたことになる。

選挙の争点は多岐にわたり、経済や生活を重視する有権者も多い。しかし、第四章で述べたとおり、〇〇年代に李登輝が国民党から離党する一方、国民党が共産党に接近したのにともない、中国との距離感は民進党と国民党の支持層を分断する重要な争点となっている。その傾向は今なお維持されていると言ってよい。

ただし、世論の大勢は性急な独立や統一を望んでおらず、ほとんどの住民は「現状維持」を望んでいるということも、第四章で確認したとおりである。ここで言う「現状」をどう理解するかは議論の分かれるところだが、少なくとも台湾、澎湖、金門、馬祖が大陸中国とは分断され、異なる政治体制下に置かれている状態を当面は維持したい、というのが多くの有権者の望みであろう。

中国との関係の「現状維持」に加え、台湾の政治家が無視することのできない重要な要素として、台湾という土地への愛着や、台湾人としてのアイデンティティに対する民意が挙げられる（小笠原欣幸『台湾総統選挙』）。先に引用した台湾の国立政治大学選挙研究センターは、大陸中国との統一か台湾の独立かという論点のほか、台湾住民のアイデンティティが「台湾人」なのか「中国人」なのかについても世論調査をおこなっている。

それによると、二三年六月のデータで、台湾の民衆のうち自身を「台湾人」だと考えている者の割合は62・8％なのに対し、「中国人」だと考えている者は2・5％に過ぎず、「どちらでもある」が30・5％を占める。長期的な傾向としては、「台湾人」は増加傾向、「中国人」と「どちらでもある」は減少傾向にあり、調査が始まった一九九二年時点では「台湾人」は17・6％にとどまっていたのに対し、「中国人」は25・5％、「どちらでもある」は46・4%にのぼっていた。「台湾人」が「中国人」を抜いて逆転したのは九五年度の調査からである（国立政治大学選挙研究中心「台湾民衆台湾人／中国人認同趨勢分布」）。

もちろん、台湾に住む人びとのアイデンティティの問題は、「台湾人か中国人か」の二者択一に限られるものではない。第一章で述べたとおり、八〇年代以降の政治の自由化や民主化にともない、原住民や客家人の言語や文化の尊重を求める声も高まったことから、台湾では多文化主義の理念による国民統合が図られてきている。また、それと並行して、女性の政治参加を求める声や、性的マイノリティの尊厳は守られなくてはならないとする声も社会から広く支持されてきた。これらは「台湾人か中国人か」とは別次元の論点である。ただし、これらは「台湾人」には誰が含まれるのか、「台湾人」とはどうあるべきかという問題意識と密接にかかわってもいる。

いずれにしても、近年の台湾の総統選挙において、各候補者は住民の台湾という土地への愛着や、台湾人としてのアイデンティティを無視して勝利することはできない。とはいえ、国民党はもともと大陸中国の共産党と「唯一の合法中国政府」の座をめぐって内戦を戦ってきた政党である。「台湾は中国の不可分の一部である」との認識を共産党と共有するとともに、中華民国によって大陸中国と台湾を統一する目標を決して放棄したわけではない。これは、大陸中国とは別に台湾共和国を打ち立てることを究極的な目標に掲げる民進党とは、理想とする未来像を大きく異にするところである。

未来像が異なれば、「歴史」の捉え方も変わってくる。中華民国を中心に据える歴史観をとれば、中国大陸で過去に起こった出来事こそが「私たちの歴史」にとって重要だということになり、また日中戦争は日本の侵略と戦った戦争と位置づけられることになる。これに対し、台湾を中心に据える歴史観をとれば、台湾という地理空間で過去に起こった出来事こそが重視され、日中戦争は日本の支配下に置かれた状態で参加した戦争と位置づけられることになる。

これらの分岐を背景として、台湾にとって「中国」とは何なのかという問題は、国民党政権期と民進党政権期を通じ、しばしば深刻な争点として政治問題化してきた。そこで本章では、二〇〇八年の民進党から国民党への政権交代および、一六年の国民党から民進党への政権交代時の変化を中心に論じることで、台湾にとって「中国」という要素がどのような政治的摩擦を生み出しているのかを検討したい。

劉暁波の馬英九評価

台湾の政治体制は、一九九七年の第四回憲法改正以降、フランスに近い「半大統領制」に分類される仕組みを採用している。すなわち、直接選挙で選ばれた総統は行政院長（首相）を任命することができ、総統は国家の安全に関する権限を、行政院長はその他の行政に関する権限を分担して掌握する。一方、総統とは別の直接選挙で選ばれた、立法委員によって組織される立法院は、不信任決議により行政院長を解任する権限を持つ。そのため、台湾の総統は政治構造上、政権を安定的に運営するためには立法院との関係にかなり気を遣わなければならない（松本充豊「総統に求められるものは何か」）。

陳水扁政権期、民進党は二〇〇一年と〇四年の立法委員選挙で第一党とはなったが、過半数の議席を獲得することはできなかった。そのため、〇〇年に歴史的な政権交代が起こったにもかかわらず、台湾では民進党の思い通りの改革が進んだわけではなかった。そのような状況下、台湾社会にはさらなる国会改革を求める世論があり、それが民進党と国民党に対する圧力となったことから、〇五年六月には両党が賛同する形で第七回改憲がなされた。この改憲では、さまざまな重要な変更の一つとして、立法院の議席半減、小選挙区比例代表並立制が規定された。これにより、小政党が立法院の議席を獲得するのは難しく

馬英九　Office of the President, Republic of China, CC BY-SA 3.0, via Wikimedia Commons

劉暁波　©ullstein bild/時事通信フォト

なり、民進党ないし国民党が安定的な政権運営をおこなえるようになる可能性が高まった。

この新たな制度の下、陳水扁総統は二期目の任期中、側近や身内の金銭スキャンダルにより支持率を大きく低下させた。そのため、〇八年一月の立法委員選挙では、国民党が民進党に圧勝した。さらに、同年三月の総統選挙では、国民党の馬英九が勝利する。馬は陳水扁政権が二期目に中国との関係を緊張させたのに対し、台湾海峡両岸関係の改善による台湾経済の活性化を訴え、広く支持を集めた。

後で述べるように、馬は二期目の任期中、その対中融和政策が原因で支持率を著しく低下させ、国民党は二〇一六年に政権を再び民進党に奪還されるにいたる。しかし、馬は当初、決して共産党に媚びた政治家と評価されていたわけではなく、むしろ東アジアの政治情勢を好転させるリーダーとなることが大いに期待されていた。そのことは、大陸中国の民主活動家である劉暁波（一九五五－二〇一七）が当選前の馬をきわめて高く評価していたことからもうかがえる。

　劉は八九年の天安門事件における民主化運動のリーダーの一人で、その後も人民共和国にとどまり民主化のための文筆活動を続けた言論人であった。劉は天安門事件後に複数回にわたり投獄されており、共産党政権とは強い緊張関係にあった。後の〇八年には共産党の独裁を批判する「〇八憲章」の発表を他の活動家らと準備し、逮捕・投獄される。服役中の一〇年にはノーベル平和賞を受賞するが、授賞式への出席は認められず、その後、病に倒れ一七年に死去した。

　劉は〇〇年代の言論活動のなかで、共産党政権が台湾に「統一」を要求するのに対し、台湾が「民主」を絶対条件として応じることにより、大陸中国も民主化していくことへの期待をしばしば表明していた。そのため、劉にとってパンダを利用したパフォーマンス（第四章参照）による統合の推進などは論外であった。劉は決して国民党支持者というわけではなく、共産党政権に民主化を要求してくれるのであれば陳水扁政権にも期待をかけていた。

　では、劉がなぜ馬を高く評価していたかというと、総統就任前の馬は八九年の天安門事件に強い関心を示し、天安門事件の問題が解決しない限り台湾海峡両岸の政治協議には応じられないという厳しい姿勢をとる政治家だったためである。また劉は、陳水扁政権の台湾独立志向と比べた時に、統一を志向しながらも民主を重視する馬英九の態度はより望ましいと考えていた。なぜなら、前者は共産党政権、大陸中国の民意、アメリカ政府の三者の機嫌を損なうのに対し、後者は共産党政権の恨みしか買わないためである（劉暁波『統一就是奴役』）。

馬英九政権の対中融和政策

　馬は総統就任後、毎年六月四日に談話を発表し、自由、民主、人権、法治といった価値観への関心を表明し続けた。総統再選を期す一二年の選挙の前年にあたる一一年六月の談話では、劉暁波と艾未未（一九五七－）の名前を挙げ、言論活動によって拘束されている人びとを釈放するよう共産党政権に呼びかけてもいる。

　しかし、大局的に見て、総統就任後の馬は共産党政権批判のトーンをかなり抑え、大陸中国との経済交流を活性化させることに注力した。結果的には、馬の在任中に劉暁波が期待したような人民共和国の政治変動が起こることはなかった。

馬は〇八年の総統就任前から、大陸中国との関係を安定化させることを選挙公約に掲げ、そのなかで「九二年コンセンサス」という概念を強調していた。これは、九二年に香港で開かれた海基会と海協会（第四章参照）の協議において、両者は中国大陸と台湾がともに「一つの中国」に属することを口頭で認めたとされる事案をさす。あくまで口頭での確認とされるため、正式な文書に記録されているわけではないが、馬はこの共通見解を基礎に共産党との関係構築を試みたのである。実際、共産党政権はこれに応じ、馬英九政権期には海協会と海基会の間で次々と経済上の協定が結ばれていった。

馬英九政権の対中融和政策の成果として、まずは大陸中国から台湾への旅行客の増加が挙げられる。〇八年、台湾は大陸中国からの団体旅行を全面開放し、一一年には個人旅行の受け入れも始めた。馬の任期最終年度の施政報告によると、一六年一月までに大陸中国からの団体旅行の受け入れ総数は一〇六八万人、外貨収入は五四五五億ニュー台湾ドルに達し、個人旅行も受け入れ総数三四〇万人、外貨収入五〇七億ニュー台湾ドルにのぼった。また、馬英九政権期には空運と海運による直航便も増加した。〇九年には中国企業による対台湾投資が解禁される。さらに一〇年、中台間の自由貿易協定に相当する両岸経済協力枠組協定（ＥＣＦＡ）が締結され、品目を限定した漸進的な関税引き下げが実施されるとともに、後続協定の交渉も開始された。

　馬政権が対中融和政策をとったことは、国際社会における台湾の活動空間を拡大させる成果ももたらした。共産党政権は台湾の政府が国際社会において正式な国家の代表として振る舞うことを認めない。しかし、馬政権が共産党政権から譲歩を引き出したことで、台湾の代表は〇九年から一六年にかけ、「中華台北（Chinese Taipei）」の名義でＷＨＯの年次総会（ＷＨＡ）にオブザーバー参加することができた。また、一三年には、民間の窓口機関を通じて日本との間で漁業協定（後述）を締結している。

パンダ受け入れ

　文化イベントに注目すると、馬英九政権の成立を象徴したのが「パンダ受け入れ」であった。〇五年の連戦国民党主席の大陸中国訪問に際して、共産党政権は台湾へのパンダ贈呈を提案していた。しかし、当時の陳水扁政権は飼育環境の未整備を理由に受け入れの許可を出さなかった。これに対し、馬英九政権は成立早々にパンダ受け入れを許可し、〇八

パンダを迎えた台北市立動物園（2009年３月）。門の外にもパンダ土産を売る露店が並んだ（著者提供）

年一二月に台北市立動物園がパンダのペアの飼育を開始するにいたった。二頭の名前は、「離れ離れになっている家族の再会」を意味する「団円」という表現にちなみ、「団団」と「円円」と命名されていた。

パンダは一九八〇年代以来、ワシントン条約で国際商取引が禁止されていた。共産党政権の立場としては、台湾は人民共和国の「国内」であるため、このパンダ贈呈は国際法の適用外ということになる。そのため、馬英九政権がすんなりパンダを受け取ってしまうと、「台湾は人民共和国の一部である」と認めてしまうことになり、それは民進党政権から批判の対象とされるだけでなく、台湾は「中華民国の一部」だと考える国民党寄りの思想の持ち主に対しても説明がつかなくなるという問題があった。

そこで、このパンダ授受にあたっては、大陸側はワシントン条約の定める輸出許可証明書に似た形式の書類を発行し、台湾側はそれをワシントン条約の定める証明書の代わりと見なす措置をとることで、馬英九政権に「人民共和国の国内交易ではない」と主張する余地が与えられることになった。大陸側からと台湾側からでは見え方が異なる、グレーな解決が図られ、共産党政権もそれに協力したのである。実はこの方式は、陳水扁政権期の二〇〇二年から、ワシントン条約に抵触する漢方薬の原料を台湾に輸入する際に採用されてきたものでもあった。大陸中国と台湾の双方の政府は、深刻な政治的摩擦を抱える一方で、政治問題によって経済活動が妨げられないようにするための工夫も積み重ねていたのである（家永真幸『国宝の政治史』）。

台湾人アイデンティティへの配慮

馬政権の対中融和政策は、当初は一定の支持を得ていた。そのため、一二年の選挙で馬は民進党の蔡英文候補を破り、再選を果たす。しかし、台湾社会では次第に、経済の対中依存の高まりや、共産党が文化面で台湾へ浸透していくことへの警戒が高まっていった（川上桃子、呉介民編『中国ファクターの政治社会学』）。とりわけ、一三年に医療、金融、印刷、出版などのサービス業の自由化を規定する「海峡両岸サービス貿易協定」が調印されると、台湾世論は馬政権の対中政策形成過程の不透明さに強く反発した。一四年三月、台湾の学生たちはこの協定が承認されるのを阻むため立法院に突入し、一か月近くにわたり議場を占拠した。この一連の抗議活動は「ひまわり学生運動」と呼ばれる。

　この運動の発生前から、二期目の馬英九政権の支持率は低迷を続けており、国民党は一六年の総統選挙で再び政権を民進党に譲り渡すことになる。また、ひまわり学生運動後、台湾社会では国民党に対する反発だけでなく、政治全般への不信が高まった。そのため、一四年の台北市長選挙では国民党とも民進党とも距離をとる無所属の柯文哲が一大旋風を起こして当選した。柯はその後、一九年に台湾民衆党を結成し、台北市長を二期八年間務めた後、二四年の総統選挙に出馬することになる。

　一五年一一月、馬はシンガポールのシャングリラホテルにて、共産党の習近平総書記と会談をおこなった。これは四九年の分断後初となる、台湾海峡両岸の指導者同士の歴史的な会談であった。ただし、この会談の実務的な意義は薄かった。また、会談で馬と習は

「中華民国総統」「中華人民共和国主席」という正式な役職名を使わず、「馬英九さん」「習近平さん」と呼び合い、互いの関係性をあいまいに処理した。習がなぜ、支持率が低迷し、任期切れも近い馬にわざわざ会ったのかについては、不明点も多い。一説には、一六年の選挙で民進党政権が成立すれば、台湾海峡両岸の指導者同士による会談の機会が失われるとの判断があったためともされる（竹内孝之「顕在化する米中覇権争いと中台関係」）。

　馬政権が一貫した対中融和政策をとり、国民党は共産党から経済的な利益を供与され、共産党の代理人かのように振る舞ったことで、台湾政治における共産党の影響力が強まったことは否定できない。ただし、馬政権は、内政においては台湾の有権者の「台湾人」としてのアイデンティティにも配慮を示していたことも無視できない。

　たとえば、馬英九はパンダを受け入れる一方で、台湾固有の「台湾黒熊」という動物の保護活動を支持するパフォーマンスも行った。この動物は、ツキノワグマの亜種で、胸の白いV字の斑紋を特徴とする。その野生の個体数はパンダよりも少ないと見積もられており、近年の台湾では台湾のシンボルとして扱われることが増えている。政府は一三年末頃から台湾黒熊をモデルにした「タイワン・オーベア」なる広報マスコット（いわゆる「ゆるキャラ」）を提案し、普及に努めている。台湾に旅行される方は、よく意識していれば、空港など公共の場所で目にすることが多いのではないかと思う。

また、馬政権末期の二〇一五年一二月には、台湾南部の嘉義県に国立故宮博物院の分館がオープンした。故宮博物院はもともと、清朝の宮殿であった北京の紫禁城を民国政府が接収し、清朝皇室が保有していた美術コレクションを主な収蔵品として、一九二五年に生まれた博物館である。日中戦争、国共内戦を経て、国民党はその収蔵品から名品を選りすぐって台湾に持ち込み、自らが中華文化の適切な保護者であることを内外に向け訴えてきた。六五年には台北に新館が建設され、台湾観光の目玉の一つとなり今日にいたる。

この博物館は、中華文化を象徴する施設であることから、国民党政権下ではきわめて重視される一方、民進党政権は改革を望んでいた。台湾の南北文化格差を縮小するため、南部に故宮博物院の分館を設け、中華文化ではなく広く「アジア」の博物館とする計画は、もともと陳水扁政権期に推進されたものである。国民党はむしろ大陸から持ち込んだ収蔵品の分割に反対する立場だった。それを、馬は政権末期に遂行したのである。分館がオープンしたのは総統選挙の直前の時期であったため、有権者へのアピールの意味合いも強かったのではないかと推測される（家永真幸「馬英九政権の文化政策と両岸関係」）。

蔡英文政権と歴史をめぐる摩擦

一六年の総統選挙では、民進党の蔡英文が国民党の朱立倫（一九六一―）を破って当選した。同時におこなわれた立法委員選挙でも民進党は過半数の議席を獲得し、初めて安定的に政権を運営できる地位に立つことになった。

蔡英文政権は、台湾の経済構造の転換や社会のセーフティーネットの強化などに加え、過去の政治的抑圧と向き合い、社会的亀裂の修復と和解を目指すことを重要な政策課題とした。この課題は、政治学の用語では、非民主的な政治体制から民主的な政治体制へと移行する過程における、「移行期正義」の推進とも呼ばれる。その一環として、蔡は一六年、原住民に対する過去の抑圧について政府を代表して謝罪し、漢民族中心の歴史観を批判した。また、国民党が過去に不当に取得した資産を調査し没収する、いわゆる「不当党産」処理もおこなった。一七年には、過去の国民党による政治的抑圧に向き合い、人権教育を強化するための組織として、国家人権博物館を成立させる。これらの政策は、第二章で述べた、台湾社会が全体として抱えている課題に正面から取り組むものであったと言える。

一方で、社会のなかには依然として、台湾を中国の一部と見なすか、それとも独立した主体と見なすかをめぐる立場の違いに根ざす摩擦が強く残っていた。その摩擦は、とりわけ台湾住民にとっての「私たち」の歴史をどう叙述するかをめぐって、しばしば深刻な政治的争点として表面化した。

かつて国民党一党支配体制下の台湾では、「台湾」ではなく「中国」を中心に据えた教育が徹底され、当時の若者たち（今も現役世代）の間では何の疑念もなく「中国人」としてのアイデンティティをもつことも一般的だった。しかし、李登輝政権期以降、「中国」を基軸とする教育の転換が図られ始め、一九九七年には中学校の教科書として『台湾を知る〔認識台湾〕』が導入される。二〇〇〇年代の陳水扁政権下では、「台湾」を中心に据えた教育のいっそうの推進が図られた。しかし、馬英九政権期の一四年に発表された高校のカリキュラム改革では、「中国」の歴史重視への揺り戻しが図られる。この問題は、価値中立的な記述を求める歴史学者らが強い批判の声を上げるなど、大きな反対運動に発展した。蔡英文政権は成立後ほどなく、当該カリキュラムを廃止している。

これに似た論点として、蔡政権は一六年一一月、上述の国立故宮博物院の南部分館の屋外スペースに設置されていた「円明園十二支動物銅像」を撤去した。円明園とは北京郊外に位置する清朝の離宮であり、南部分館に設置されていた銅像は、かつて円明園に飾られていた干支をかたどった一二体の動物銅像のレプリカである。円明園は一九世紀後半のアロー戦争においてイギリス・フランス連合軍によって破壊・略奪を受けており、十二支像の実物はそのときに散逸したとされる。また、円明園自体は中国が過去に受けた屈辱を示すものとして、廃墟のまま残され公園となっている。

保利芸術博物館（北京）の円明園十二支動物銅像（著者提供）

南部分館の十二支像は、世界的人気俳優で、中国の統一戦線組織である全国政協委員の肩書をもつジャッキー・チェンが、分館の成立を祝賀して贈ったものであった。チェンには『ライジング・ドラゴン』（二〇一二年）という監督・主演作品があり、かねてより円明園十二支像の問題を中国ナショナリズムと絡めて描いていた。中国では経済発展が進むなかで、海外に流出した古美術品を中国国内に買い戻すことが愛国的な行為と見なされる風潮が生まれ、たとえば巨大企業である保利グループは十二支像のうち牛、猿、虎、豚の四像を入手し、北京市内の保利芸術博物館で展示している。

つまり、馬政権は「中国の屈辱の歴史を、大陸と台湾で共有しよう」という強烈なメッセージの込められた贈り物を受け取り、展示したということになる。これに対し、台湾社会からは一部でかなり強い拒絶反応が起こり、分館の開館から三日目の一五年一二月三〇日には、像に赤いペンキがかけられる事件が発生した。蔡政権による像の撤去は、そのような事態を背景にしていたのである。

台湾で慕われる日本人技師

清代の歴史に対する評価にもこれだけの溝があるのだから、日本による台湾統治の歴史をどう評価するかという問題は、台湾社会においていっそう論争的である。しかも、その対立構図は、「中国」中心史観だから日本に否定的、「台湾」中心史観だから日本に肯定的、との二分法で割り切れるほど単純ではない。

二〇一七年四月一六日、台湾台南市の烏山頭ダムにある八田與一（一八八六－一九四二）という日本人の銅像の頭部が、政治活動家によって切り落とされる事件が発生した。この事件をめぐる一連の事態は、台湾社会の対日感情がいかに複雑であるかを理解するための糸口として非常に参考になる。

まずは、そもそもなぜ台湾のダムに日本人の銅像があるのか確認しておきたい。八田與一は、石川県金沢市出身の日本人技師である。日本統治期の台湾において、一九一〇年に台湾総督府内務局土木課に就職し、水利技術者として活躍した後、二〇年に始まる「嘉南大圳」の建設に尽力した。嘉南大圳は台湾南西部の嘉南平原の灌漑問題を解決するために建設された、一五万ヘクタールという広大な土地に水路を張り巡らす台湾最大の農地水利施設であり、三〇年に竣工する。烏山頭ダムはそのなかでも最重要の設備であった。

八田與一銅像（台南の烏山頭ダム）（著者提供）

　工事の完了後、八田を慕う従業員らにより、ダムのほとりに八田の等身大の銅像が設置された。銅像の八田は、休憩のため地べたに座りこみ、立てた右ひざの上に右ひじを置き、右こぶしを右のこめかみにあてがい、思索にふける姿をしている。日本統治期の台湾の嘉義農林学校野球部が甲子園で準優勝を果たしたエピソードを描いた台湾映画『ＫＡＮＯ　１９３１海の向こうの甲子園』（馬志翔監督、二〇一四年）では、大沢たかお演じる八田が移動中までこの銅像のようなポーズをとっていた。銅像に込められた庶民的なイメージには、地元住民の八田に対する親近感が凝縮されていると言える。

その後、この銅像は数奇な運命をたどることになる。八田は太平洋戦争のさなか、日本政府によってフィリピンに派遣される途中、乗船していた輸送船が米潜水艦に撃沈され死去した。妻の八田外代樹《とよき》は終戦後の一九四五年、ダムの着工記念日である九月一日に、烏山頭ダムの放水口に身を投げてしまう。ダムのほとりには、地元農民の手により八田夫妻の墓が建てられた。

このとき、八田與一の銅像は「行方不明」になっていた。戦時中の銅の供出から逃れるため、紛失を装って隠されていたともされる。戦後、この銅像は地元の「嘉南農田水利会」の管理下に入るが、日本文化に否定的な国民党政権に廃棄されるのを避けるため、展示はなされず水利会の事務所で封印され続けた。その間、水利会は八田の命日である五月八日に毎年墓前祭を行った。

七五年に蔣介石が死去し、台湾の政治情勢に変化の兆しが見え始めると、八一年に八田像はようやく元の場所に戻され、時の蔣経国政権はこれを黙認した。その後、日本の有志団体が八五年から八田與一の墓前祭に参列するようになるなど、八田を媒介とした日台交流は次第に拡大していく。とりわけ、台南と金沢の地方都市間交流がそれを牽引した（清水美里『帝国日本の「開発」と植民地台湾』）。こうして、烏山頭ダムの八田與一銅像は、台湾の人気観光スポットの一つとなっていった。

日台間の「感動」のズレ

さて、ここまでの経緯を見ると、戦後台湾の統治者となった国民党は日本文化を否定する「反日」で、八田與一に敬意を表する地元の台湾住民は「親日」という構図が浮かび上がるように思えてくる。たしかに、その対立軸は第二次世界大戦後の台湾社会における、現実の一端を示してはいるかもしれない。しかし、事はそれほど単純ではない。

二〇〇〇年五月、台南で八田與一の功績を記念するシンポジウム「八田與一技師研究会」が挙行された。これは台湾の地方政府やマスメディアが協賛する大型イベントであった。シンポジウムでは、多くの学者が八田の功績を論じ、そのなかには八田の事績こそが「国際協力の真の姿」と称賛する見解もあったという。これに対し、コメンテーターを務めた陳梅卿（台南の成功大学副教授）は、水利建設がもたらす建設用地住民の移住問題といったマイナス面についての議論や、漢民族の農耕知識をなぜ生かすことができなかったといった歴史的視点からの考察が欠如していること、さらには日本と台湾の植民地支配関係を「国際協力」と解釈することの問題点などを指摘し、会場の親和ムードを一変させたとされる。

この一連の事態を分析した歴史家の何義麟は、八田與一の人物について「そこが台湾であろうと日本であろうと関係なく技術者として自分の本分を完遂しようとする、自分の仕事に責任感（プロ意識）を持つ一人の技師にすぎず、民族やイデオロギーとは無縁の人だと思える」との見解を示した。その上で、「彼のまじめさ、勤勉さ、そして正直な人柄は台湾人がもっとも賞賛している代表的な日本人の性格であり、また現地の農民は功績ある日本人技師を今も偲んでいるのだといえるだろう」と評価する。一方、八田が台湾で慕われていることに感動した日本人が植民地支配の過去を美化することには警鐘を鳴らし、「日本人と台湾人とではそれぞれ八田物語の違うところに感動している」と喝破した。何は次のように述べる。

「八田物語」に接した私たちはむしろ台湾の素朴な農民が暗い時代の政治弾圧を恐れずに八田夫婦の墓を建て、八田技師の銅像を「保護」し、しかも長い間毎年欠かさずこっそりと記念行事を行なってきたことに感動した。もし台湾の戦後史を知る人なら、地元農民たちの勇気を称えるだろう。戦後の国民政府〔国民党政権〕統治下の台湾では日本語の出版物や、日本色の濃い遺跡物は公式命令でほとんどすべて廃棄処分にされた。日本に関係するものを保持していれば、いつ逮捕・監禁の災いが降りかかるか誰にも予測できなかった。そうしたなかで地方エリートと農民たちが政治的な圧力に屈せずに、民族や過去の支配・被支配の関係を問わず、地元に貢献した人には感謝の念を長い間持ちつづけた温情と勇気こそが、台湾史に書き込む一エピソードとしてもっとも意味があると思う。

（何義麟「『日台親和』の虚像と実像」）

何によれば、八田物語を受容する当時の日本社会には、「近代日本はアジアで侵略戦争を行い、残虐な植民地支配をしてきた」という「歴史の常識」を覆し、「民族の自信」を回復したいという願望が見られた。しかし、前述のとおり、台湾で八田が慕われている理由は、必ずしも「日本が国民党と異なり、台湾でよい統治を行ったから」ではない。何はそのズレをあえて指摘することで、日本社会の台湾理解が過度に単純化されることのないよう注意を喚起したと言える。

李登輝と「八田物語」

ところが、一方で当時の台湾政界には、そのズレをあえて利用するかのような動きも見られた。その代表的な論客は、二〇〇〇年代初頭に国民党を追われ、台湾の主体性を重んじる立場から国民党に対抗するようになった李登輝であった。

李は台湾政治を民主化させるだけでなく、台湾の国際社会における孤立状態を解消し、その主権独立国家としての地位を確立することを重要な課題とした政治家であった。李は〇〇年に総統の任期を満了した後、日本メディアの取材に好意的に応じるなど、台湾のスポークスマンとしての役割を積極的に担っている。たとえば、日本でベストセラーとなった小林よしのりの漫画作品『新ゴーマニズム宣言SPECIAL 台湾論』（二〇〇〇年）のなかでは、李と小林の対談場面が印象的に描かれている。そのひとコマとして、李は小林に対し、八田の功績について熱弁をふるっている。

李は〇七年、八田を慕う日本の民間団体の表敬訪問を受けた際には、八田が「本当に台湾のために運動してくれた」と指摘した上で、「その深い関係、昔のこの関係、非常に古いこの関係が失われないように、もう少し固めていかなくちゃならない」と述べた。清水美里の調査によれば、この発言は日本が台湾と「対中国本土外交に振り回されない政治的な関係を結ぶこと」への希望を表明したものであり、当時の日本政府への批判を含ませたものだったという。清水は、八田が日本人であることを強調する李の姿勢は、一般の台湾人が八田のナショナリティを無視しがちなのと対称的であると分析する（清水美里『帝国日本の「開発」と植民地台湾』）。なお、李は一五年に日本語で出版した『新・台湾の主張』（PHP新書）において、序盤で八田の功績を詳しく紹介するだけでなく、末尾でも再び八田に論及し、映画監督の魏徳聖（ウェイ・ダーション）の言葉を引用する形で「かつて日本と台湾は同じ国だった」と強調している。

馬英九の八田評価

李のように八田の功績を称賛することが、もし「台湾は中国と同じ国ではなかった」と強調することと直結するのであれば、国民党にとって「八田物語」はおよそ肯定できない代物ということになりそうである。実際、地元農民が八田銅像を隠し続けた一九八〇年前後の時期までは、そのとおりであっただろう。ところが、二〇〇八年五月、新総統に当選し着任を直前に控えた国民党の馬英九は、八田の墓前祭に参列し、次のようなスピーチをしたという。

> 過去数十年来、日本植民地政府の台湾における建設について、各方面から異なる評価があります。しかし、八田さんについては、彼個人が台湾に対して心血を注いだこと、および友好的であったことを、われわれは大多数の人がみな肯定しているのを見ることができます。〔略〕一人の一生を台湾人に捧げた人物は、当然ながら台湾を愛する人物であり、わたしはこういう彼を尊敬し、歓迎します。
>
> （清水美里『帝国日本の「開発」と植民地台湾』）

清水は馬のスピーチについて、八田を評価しつつも歴史修正主義に対しては釘を刺していると分析する。馬のこのような態度は、馬が総統に当選した二〇〇〇年代後半時点での台湾の政治情勢を理解するにあたり、きわめて示唆的である。すなわち、国民党は戦前、中国大陸において日中戦争、彼らから見れば抗日戦争を戦い、台湾は日本によって不当に奪われた領土と位置づけていた。日本の侵略に打ち勝ったことが彼らの栄光である以上、その歴史観が容易に変わることはない。しかし、そのような政党に属する馬英九であっても、台湾における民主的な選挙に勝利するためには、有権者の「台湾人」としての自己意識や、「台湾」という土地への愛着を無視することができないばかりか、積極的にそれらを重んじる姿勢をアピールする必要があったのである。

八田與一銅像破壊事件

ところが、前述のとおり、蔡英文政権一年目にあたる二〇一七年四月一六日、烏山頭ダムの八田像の頭部が切り落とされる事件が発生した。同月一七日、李承龍（一九五八－）という人物がＳＮＳ上に犯行を誇示する一連の写真を投稿し、実行犯が明らかになった。李は深夜二時頃、内縁の妻とされる人物とともに、のこぎりを使って二時間以上かけて切断を行ったという。李は元台北市議で、中国と台湾の統一を訴える中華統一促進党という、過激な行動で知られる政治団体のメンバーであった。

李の動機の正確なところは不明だが、ＳＮＳ上での支持者の反応などを見る限り、八田を称揚することは過去の日本による台湾支配を肯定することであるとの認識から、台湾社会の「親日」的なムードを非難する目的があったと推測される。あるいは、このような露悪的な方法で李の政治思想への共鳴者が増えるとは考えにくいことを踏まえると、現実的な狙いは、台湾社会に潜在する亀裂をあえて可視化することで社会不安を煽り、民進党政権が秩序維持に失敗しているような印象を有権者に与えることにあったのかもしれない。実際、この事件はマスメディアに恰好の話題を提供した。

李自身はかねてより計画を温めていたようだが、この事件をめぐる各種報道では、蔣介石像の毀損問題への報復ではないかとする見方も提示された。というのも、八田銅像の事件の前後には、蔣介石の銅像を破壊する事件が相次いでいたからである。蔣介石像に対する破壊行為はそれまでもしばしば発生していたが、二二八事件（第二章参照）発生から七〇周年にあたる一七年二月二八日には、新北市の輔仁大学キャンパスの蔣介石銅像が学生らによって杖などが切り落とされる事件が発生した。同年三月一二日には、同じく新北市内の蔣介石像が、台湾建国工程隊を名乗る団体によって、頭部を切り落とされる事件が起こっている。八田像の破壊事件は、これら行為への報復と解釈されたのである。

八田像の事件後、同年四月二二日には、台北郊外の陽明山の蔣介石像の頭部が切り落とされる事件が発生する。このとき、台湾建国工程隊は八田像破壊に対する報復であるとの声明を発表した。すると今度は、八田像事件の犯人である李が、同年五月、台北市内の小学校に設置されている狛犬を破壊する事件を起こした。

筆者の理解では、いずれの事件も台湾の一般市民からすれば近寄りがたい活動家らの間で起こった眉をひそめたくなる騒動に過ぎず、その社会的影響力を過剰に見積もるべきではない。しかし、それらが台湾社会内部の潜在的な亀裂を前提にしていたのは確かであり、その克服が重要な課題の一つであったことは、蔡英文政権期の台湾政治の動きを理解するためにも知っておく必要がある。なぜなら、「蔣介石像の破壊」と「日本文化を象徴する像の破壊」の間で起こった報復の連鎖は、蔡英文政権の「移行期正義」推進政策への賛否をめぐる争いを装っていたからである。

蔣介石像の公共空間からの排除

一連の蔣介石像の破壊事件は、一部の活動家による極端な行動だったかもしれない。しかし、自由・民主・憲政を重んじる立場から、蔣介石像のような「権威主義の象徴」が公共空間に存在するのは誤りであると考え、その影響力を社会から極力取り除いていこうとするのは、民進党政権の基本方針でもあった。一七年一二月に公布された「移行期正義促進条例」は、さまざまな課題の一つとして、公共空間に設置された権威主義的な統治者の象徴（肖像画や銅像など）について、撤去、改名ないしその他適切な方法で処置するよう求めた。

一八年五月、蔡英文政権は同法に基づき、「移行期正義促進委員会（促進転型正義委員会）」を成立させた。同委員会は二二年五月に発展的に解消されるまでの間、公共空間における国民党一党支配時代の痕跡をどのように除去し、あるいはどのような形で保存するのかについて入念な調査を行い、その成果を報告書にまとめている（促進転型正義委員会『任務総結報告』）。

蔣介石の像は蔣の生前から制作・設置されることはあったが、そのピークはむしろ蔣が死去した一九七五年から八〇年代にかけての時期にあった。同委員会によると、台湾全土の蔣介石の像の数は、二〇一九年七月の最初の調査時で一〇七五体あり、二一年一二月時点でもまだ八三〇体が残されていた。地方政府や各機関のなかには、蔣介石の胸像に帽子を被せたり、台座に彫られた「偉大な指導者」の文字の上に「銅像」の二字を印刷した紙を貼ったりしただけで「処置」を済ます事例もあったようで、同委員会報告書はこれらを誤った対応として列挙している。

蔣介石像が設置されている場所は、八三〇体のうち実に五一六体が「学校」であり、その内訳で最大なのは「小学校」の二四一体であった。第二章で紹介したゲーム作品『返

中正紀念堂（台北）（2009年３月、著者提供）

国立故宮博物院（台北）の蔣介石銅像（2016年８月、著者提供）

校』のなかでも、蔣介石を思わせる巨大な像が高校の校庭で異様な存在感を放ちながら登場する。

　蔣介石を記念する施設としてとりわけ耳目を集めるのが「中正紀念堂」である。中正紀念堂は蔣の死後、一九八〇年に落成した巨大建築物である。その周囲は大きな広場となっており、正門は中国大陸の方向である西側にある。正門の牌楼には、もともと蔣介石の本名である「中正」を含む「大中至正」の四文字の額が掲げてあった。しかし、陳水扁政権期に中正紀念堂は「台湾民主紀念館」に改名され、「大中至正」額は「自由広場」と付け替えられた。その後、馬英九政権は建造物の名称を「中正紀念堂」に戻したが、牌楼の額は「自由広場」のまま残していた。

　蔡英文政権成立後、移行期正義促進委員会は、この施設全体をどのように変えていくべきかについて議論し、構想を報告書にまとめている。まず、同委員会は、ホール内に設置された巨大な蔣介石の座像を撤去することを優先的な課題と位置づけた。一方、広場を含めた敷地全体は、権威主義的統治が行われた時代を反省するための歴史公園とする構想を提示した。中正紀念堂の広場は、かつて一九九〇年の野百合学生運動（第四章参照）をはじめ、九四年の反原発デモ、二〇〇七年のハンセン病療養所「楽生院」の保存を求めるデモなど、台湾社会の変革を求める運動の舞台にもなっており、民主化を象徴する空間でもあるからだ。

同委員会が民間の設計事務所に依頼して作成された、中正紀念堂の改造に関する複数の空間デザイン案のなかには、広場に小山を造成して、その中央のくぼみに中正紀念堂を埋め込み、外からは山の一部かのように屋根だけしか見えなくするという、ユニークなものもあった。一連の改革案は、国民党支持者にとっては決して愉快なものではないだろう。しかし、選挙での競争がある今日の台湾では、今後さまざまな立場の政治家によって、有権者の多くが妥協できる落としどころが模索されていくものと予測される。

なお、同委員会は決して銅像などの「象徴」をめぐる問題だけを議論したのではない。国民党一党支配体制期の白色テロの実態や政治受難者に関する歴史資料の調査や公開を進めたことも、同委員会の大きな成果であった。報告書内では政治受難者の名簿も整理されており、第二章や第三章で論及した陳智雄、施明徳、陳映真、顔尹謨、陳中統、陳玉璽といった人びとの過去の有罪判決が取り消されたことも記されている。

柯文哲と台湾黒熊

蔡英文政権は、台湾の将来のために必要と考える内政上の課題に積極的に取り組む一方、外交面では難局に直面していた。蔡は、馬英九政権が対中融和政策の推進に利用した「九二年コンセンサス」に代わる新たな表現を模索し、習近平体制の共産党政権との安定的な関係構築を試みた。しかし、共産党政権側はこれを拒絶し、海基会と海協会の間の連携・交渉メカニズムは機能を停止させた。

台湾の中華民国と外交関係を有する国の数は、馬英九政権末期には二二か国あった。しかし、共産党政権の圧力が強まったことで、その数は二〇二三年九月時点で一三か国にまで減少することになる。馬政権期にはオブザーバーとして参加できていたWHOの年次総会は、蔡政権成立後の一七年から招待されなくなった。

国際社会での活動空間が狭められていくなか、台湾が国際的なイベントのホストを務める貴重な機会が存在した。それは、一七年八月に台北で開催された、ユニバーシアード夏季競技大会である。この大会は、さまざまな偶然が重なった結果、おそらく事前に誰も予想できなかったレベルの盛り上がりを見せることになった。

ユニバーシアードは大学生を対象にしたスポーツの国際総合競技大会で、二年ごとの奇数年に開催される。主催は国際大学スポーツ連盟（FISU）である。一七年の大会誘致はブラジリアとの争いの末、一一年に台北がその座をつかんだ。当時は総統が馬英九、台北市長は郝龍斌（一九五二－）で、いずれも中国に対して融和的な国民党籍の政治家であった。そのため、通常であれば台湾の国際活動空間の拡大を喜ばない人民共和国政府は、本件については妨害しなかったのではないかと見られている。一七年の開催時に、総統が蔡英文、台北市長は既存政党から距離を置く柯文哲に代わっていたことは、共産党政権にとって誤算であったかもしれない。

大会開幕直前の八月一五日、台湾では人為的ミスにより全土にわたる大規模停電が発生し、蔡政権に対する世論の批判は強まっていた。さらに開幕式当日、蔡政権の進める年金改革に反対するデモ隊が警備の隙をついて暴徒化し、選手団が一時入場できなくなる事態が発生した。これを政府も世論も国際社会に対する醜態だと大いに恥じ入り、大会は不穏な船出となった。

ところが、この騒ぎの結果、世論の矛先はかえって政府から反政府勢力に転じた。さらに、本来警備の責任を問われるべき立場にあった柯文哲台北市長は、デモ隊を強く非難することで自らを正義の代弁者のように印象づけるという、曲芸的なパフォーマンスに成功する。

その後、台湾選手が次々と活躍したことから、メディアは日を追うごとに報道を過熱させた。結果的に、台湾チーム（Chinese Taipei）は日本の三七個、韓国の三〇個に次ぐ第三位となる二六個の金メダルを獲得し、大会は大団円を迎えた。台湾が多くのメダルを獲得できた大きな原因の一つに、実は中国チームが団体競技への選手派遣を見送り、個人競技にしか参加していなかったことが挙げられる。中国側のこの措置の狙いは不明だが、結果的に台湾社会にナショナリズムの高揚をもたらしたことは否定できない。

筆者は閉幕式の日に会場近くを歩いてみて、この大会には実に多くの若者がボランティアとして参加していることを知った。これだけ盛り上がった大会は、若者たちにとって、日本の一九六四年の東京オリンピックや、一九七〇年の大阪万博に匹敵するような共通の思い出になっていくのかもしれない。

閉幕式から一夜明けた八月三一日、台北では選手団の活躍を祝賀する大パレードが急きょ執り行われた。パレードに駆け付けた大勢の人びとが振る旗のなかには、国民党の党章をあしらった中華民国国旗である「青天白日満地紅旗」もあれば、緑色の台湾島をかたどった民進党旗に似たものも見られた。しかし、圧倒的多数は、選手たちを称賛する「台湾英雄」の文字の旗を手にしていた。この日集まった人びとが必要としていたのは、「中国統一」や「台湾独立」といった政治的な主張に回収されることなく、ただ自分たちの代表が活躍した高揚感を仮託するシンボルだったのではないか。

パレードの中、選手団に混ざり、台湾黒熊をモチーフにした大会公式マスコット「熊讃」が大喝采を浴びていた。熊讃は大会期間中に人気が爆発し、会期末には関連グッズがどこに行っても手に入らない状態になっていた。大会の閉幕にともない、熊讃は晴れてお役御免となるはずであった。しかし、あまりの人気ゆえか、閉幕後も台北市政府のマスコットとして流用されることが決定し、柯文哲市政の広報に一役買うことになった。あるいは、柯が政治家として目指すポジションこそが、ユニバーシアードにおける熊讃のような、台湾住民の純粋な高揚感を預かることのできる立ち位置であったのかもしれない（家永真幸「パンダと台湾黒熊」）。

ユニバーシアードの成功をうけ、台北市はその後、隣接する新北市に共催を呼びかけ、

2017年台北ユニバーシアード祝賀パレードとマスコットの「熊讃」（著者提供）

中高年齢者による生涯スポーツの国際総合競技大会である「ワールドマスターズゲームズ」の開催を申請する。申請は二〇年に承認され、両市は二〇二五年大会の開催権を獲得した。この申請時の台北市長であった柯および、新北市長の侯友宜は、それぞれ台湾民衆党、国民党から二四年の総統選挙に立候補し、民進党の頼清徳候補に挑むことになる。

なお、台北市長は柯の任期満了にともなう選挙により、二二年から蒋経国の孫にあたる国民党の蒋萬安（一九七八－）に代わった。熊讃は台北市の広報マスコットに留任したようで、引き続きＳＮＳを通じてこまめに情報を発信している。

香港情勢と蔡英文の再選

蔡英文政権は一六年に成立した後、年金改革などの既得権益層に切り込む改革を断行した。蔡は、不人気な政策であっても台湾の将来のために必要と考えれば着実に実行する、実直な政治家であったといえる。一九年五月には、保守的な世論の反発もあるなか、特別法の制定によりアジアで初となる同性婚の合法化を実現させた。

しかし、蔡の施政は、民進党支持者の一部には改革が不徹底に映る一方、経済対策よりも政治課題を優先しているとの批判の目も向けられた。その結果、一八年一一月の統一地方選挙で、民進党は大敗する。この選挙では、従来は民進党が強かった高雄市において、国民党の韓国瑜が市長に当選し、一躍人気政治家になるという社会現象も発生した。蔡は党主席を引責辞任し、求心力を低下させた。

ところが、このあと蔡政権は、共産党政権との関係が冷え込んでいたことにより、かえって民意の支持を回復していくことになる。一九年一月、人民共和国の習近平国家主席は、一九七九年の「台湾同胞に告げる書」から四〇周年を記念して、台湾政策に関する重要演説をおこなった。習はそのなかで、「一国二制度」による平和的な中国統一を呼びかけると同時に、「外国勢力の干渉とごく少数の『台湾独立〔台独〕』分裂分子およびその分裂活動」に対しては武力の行使も辞さない姿勢を示した。

　同年六月には、香港で逃亡犯条例改正案に反対する大規模なデモが発生し、それを鎮圧しようとする政府当局と市民との間で緊張が高まった。この運動のなかでは、北京の中央政府に大規模な弾圧を引き起こさせ、西側諸国の対中政策を引き出す「死なばもろとも〔攬炒〕」という発想が流行し、抗議活動参加者の間で支持を得ていたとされる（倉田徹『香港政治危機』）。同年九月のデモではアメリカ国旗を掲げる参加者も現れたことから、中国政府が外圧への警戒を高めたことに一定の理解を示す見方もある。しかし、中国政府の意図がどうであれ、香港情勢は台湾社会の強い反発や警戒心を招いた。

　蔡政権はこれらの事態に対し、「一国二制度」の拒否を明言するとともに、民主主義と自由の防衛を訴え、台湾での人気をにわかに復調させた。その結果、二〇年一月の台湾の総統選挙において、蔡は国民党の韓国瑜候補を破り再選を果たす。台湾住民の間で「今日の香港は明日の台湾」という恐怖感が高まっていたことは、選挙戦で蔡に有利に働いたとされる。

　この選挙戦では、国際社会における米中対立の構図も、蔡の再選を後押しした。蔡政権発足後、アメリカでは一七年にトランプ政権が誕生し、オバマ政権末期から継続して対中強硬政策が推進された。一方、台湾に対しては融和的な姿勢が見られ、一八年三月には上下院をすでに通過していた「台湾旅行法」が、トランプ大統領の署名を得て成立した。同法は、従来は控えていた「あらゆる地位のアメリカ当局者が台湾に渡航し、対応する台湾側当局者と会談する」ことを認めるものであった。さらに、トランプ政権は台湾に積極的な武器供与を行うなど、中国との統一に反対する蔡政権を支持する姿勢を鮮明にした。台湾社会が大陸中国との緊張関係を懸念するなか、アメリカ政府が蔡政権支持の姿勢を明確に打ち出したことは、蔡の再選にとって有利に働いたと見られている（松田康博「米中台関係の展開と蔡英文再選」）。

新型コロナウイルス感染症対策の優等生

選挙戦の最終盤であった一九年一二月末、中国の湖北省武漢市で集団感染が公表されたのを皮切りに、新型コロナウイルス感染症（COVID-19）の世界的大流行が始まった。このとき、台湾は迅速な対応を行い、初期のうちは感染者をごく少数しか出さなかった。蔡政権は濃厚接触者や海外から戻った人を携帯電話の位置情報で二四時間監視したり、マスクを政府が強制的に買い上げて市民が均等に購入できるよう割り当てたりするなど、普段であれば市民に認められている行動の権利を大幅に制限した。しかし、蔡政権の初期のコロナ対策は、「徹底的な防疫」と「人権の保障」の両立に成功した事例として、内外で高く評価されることになった。

防疫に成功したからこそ政府の厳しい対策が評価された、というのが大前提ではあるものの、当時の台湾社会にはそれ以外にも政府の強権発動を容認する土壌があったことが指摘されている。第一に、蔡政権成立以降、中国の圧力により台湾の政府がＷＨＯに参加できない状況下、武漢から広がった感染症への対応は中国に自力で打ち勝つための「戦時」と捉える雰囲気があったという。実際、蔡総統は筆者が確認できた限りでも二〇年四月頃まで、この感染症を「武漢肺炎」と呼び続けた。

第二に、政府は市民の不安に寄り添うことで、信頼を勝ち得ていたことが挙げられる。それを象徴する場面として、二〇年四月一三日、衛生福利部長の陳時中（一九五二－）らは対策本部の定例記者会見にピンク色のマスク姿で現れた。品不足で市民が購入できるマスクの色を選べないなか、前日にある記者から「ピンク色のマスクは、からかわれる」と不安がる男児の話を聞かされたことへの対応であった。「ピンクはいい色」とアピールする陳に対し、市民の間では共感が広がり、台湾企業がSNS上の自社ロゴをピンクにする運動にまで発展した。

政府が市民に対して丁寧な対応を行う背景には、台湾では民進党と国民党が八年ごとに政権交代を繰り返してきたことから、政権側は「失敗すれば政権を失う」と有権者を恐れる一方、有権者側は政権に厳しい目を向けているということがある。毎日新聞の福岡静哉記者はこれらの事情を総括し、「政治の緊張感と、政府に対する市民の信頼感」が台湾の防疫成功のカギであったと分析した。すなわち、政府は情報公開と説明責任に全力を尽くし、民意に必死に寄り添う姿勢を見せた。これに対し市民は、政府に対する信頼感を持ち、過度でない一時的な私権の制限であれば受け入れる態度をとったというのである（福岡静哉「新型コロナウイルスの封じ込めで増した台湾の存在感」）。

二二年四月になり、蔡政権は感染拡大の徹底的な抑え込みを図るゼロコロナ政策を終了し、コロナとの共存を目指す方向に政策を転換させた。片や、中国大陸では同年一一月、新疆ウイグル自治区のウルムチにおけるコロナ対策で封鎖中のマンションで発生した火災をきっかけに、政府がゼロコロナを掲げていることに起因するロックダウン政策に反対する、市民によるデモが拡大した。共産党政権による言論統制が厳しいため、人びとは何も書かれていない白い紙を持って街頭に集まったことから、一連のデモは「白紙運動」とも呼ばれた。政府の強権により安心して暮らせる秩序を生み出しながら、一人ひとりがどれだけ自由でいられるかという課題は、台湾海峡両岸のどちら側に住んでいるかにかかわらず市民にとって重大な関心事であるということがよく分かる。

なお、台湾側が初期に徹底的な水際対策をとったこともあり、コロナ以降の中台間の人的交流は極端に縮小した。しかし、台湾海峡両岸間の貿易額は大勢として今なお拡大傾向にある。

安倍晋三銅像の建立

二二年七月八日、日本の安倍晋三元首相が選挙応援演説中に銃撃され死亡するという大事件が発生した。これに対し、台湾の蔡英文総統はただちにＳＮＳで弔意を示すとともに、同月一一日には頼清徳副総統を弔問のため日本に派遣した。台湾社会では、日本国内で国葬の是非をめぐり議論が沸騰したのと対照的に、総じて強い哀悼の意が示された。

安倍の台湾での人気はきわめて高い。そのことは、蔡が政府各機関および公立学校に同月一一日に半旗を掲げるよう指示したことからもうかがえる。国交のない日本の元首相を

安倍晋三銅像に献花をする萩生田光一政調会長（2023年10月10日）　©時事

特別扱いすることについては、本来は法的に議論の余地があった。それにもかかわらず蔡があえてこの措置をとったのは、それが民意に沿っているとの判断があったためと考えられる。

　安倍の死後、台湾では有志によりその等身大の銅像が鋳造された。この像は高雄市の紅毛港保安堂に設置され、同年九月二四日に除幕式が行われた。銅像の傍らには、安倍の揮毫による「台湾加油〔がんばれ台湾〕」の文字を刻んだ石碑も置かれた。この文字はもともと、一八年二月に台湾東部の花蓮で発生した大地震へのお見舞いのメッセージとして安倍が色紙に直筆し、台湾メディアで広く取り上げられたものであった。

　安倍が台湾で慕われていた要因はほかにもある。一七年一月、日本の対台湾窓口機関である「交流協会」が「日本台湾交流協会」に名称変更した。日本政府は一九七二年の「日中共同声明」のなかで、「中華人民共和国政府が中国の唯一の合法政府であることを承認する」とともに、台湾については「中華人民共和国の領土の不可分の一部である」という中華人民共和国政府の立場を「十分理解し、尊重」すると表明した。これにともない、日本政府は台湾の中華民国ないし「台湾」という主体を国家として扱うことができなくなり（第一章参照）、台湾に大使館を設置することも建前上できないので、それに相当する窓口機関として、一見何の組織か分からない名称の、財団法人「交流協会」が設けられた。ところが、安倍政権期の先の改称により、その名称のなかに「日本」および「台湾」の文字が新たに入ることになったのである。また、安倍はコロナ感染が世界的に拡大するなか、台湾がWHOの年次総会へのオブザーバー参加を認められなかったことについて、二〇年六月の参議院予算委員会において「非常に残念」との意見を表明した。

安倍の首相辞任後の二一年三月、中国が検疫上の理由により台湾からのパイナップル輸入を禁止するのだが、このとき日本では親台湾世論と反中世論が結びつき、台湾パイナップルを買い支える運動が発生する。同年四月二八日、安倍はSNSに満面の笑みで台湾パイナップルを手にする写真を投稿し、台湾メディアで大いに注目されるところとなった。同年五月から台湾で新型コロナウイルスの感染が急拡大すると、日本政府は翌六月から複数回にわたりワクチンを供与する。これは、蔡総統が前首相の安倍に電話で救援を求めたためだと報じられ、ワクチン到着に際しては日台双方で友好ムードが演出された。このほか、安倍は二一年一二月に台北市内で開催されたフォーラムにリモート参加した際、台湾のＴＰＰ（環太平洋経済連携協定）参加を支持すると表明したのに加え、中国の習近平国家主席に台湾への武力行使を思いとどまるよう求める文脈で、「台湾有事」は「日本有事」であり「日米同盟の有事」であると発言した。

　首相辞任後の話題だけを切り取ると、台湾での安倍人気は台湾社会の反中世論を背景に、蔡政権の協力を得て創り出されたかのように見えるかもしれない。たしかに、蔡政権はこのような安倍の言動を積極的に広報しており、両者の間に共謀関係があったことは否めない。しかし、その前の馬英九政権期にも、安倍は決して台湾を軽視する姿勢をとっていたわけではない。

　二〇一三年四月、日本は前述のとおり窓口機関を通じて台湾と漁業協定を結んでいる。その内容は台湾側に大幅に譲歩するものだとして、日本側の漁業関係者からは強い反発があった。しかし、安倍政権は東アジアの緊張を嫌うアメリカ政府から圧力を受け、尖閣諸島の領有権問題が延焼することや、馬政権が中国と接近するのを避けることが優先された

（佐々木貴文『東シナ海』）。また、二〇一四年六月から一一月にかけては、東京国立博物館および九州国立博物館において特別展「台北 国立故宮博物院——神品至宝」が開催されている。これは国立故宮博物院にとってアジアで初となる海外出展であった。ただし、馬政権は自らが「中華民国」であるという立場を重んじており、国際社会に対して「台湾」という主体をアピールすることに積極的でなかった点は、その後の蔡政権と大きく異なる。

　ここでさらに思い起こさなければならないのは、在任中の安倍政権は中国との関係改善も追求してきた政権だったということである。コロナによる混乱期に入る前の一九年には、習近平国家主席の国賓訪日に向けた調整も進められ、日本メディアではその是非をめぐり議論が沸騰していたほどであった。蔡政権には安倍の「反中」姿勢に期待する部分もあったかもしれないが、安倍が「反中」政治家だから台湾社会から歓迎されたと考えるのは、端的に事実に反している。

　もちろん、台湾社会一般が安倍に抱くイメージは、筆者ないし日本社会一般のそれとは隔たりがあるだろう。台湾社会の安全保障問題に関する対日期待は「不合理なまでに高い」との指摘もあり、ロシアによるウクライナ侵攻後の二二年三月におこなわれた世論調査では、日本の軍事介入をアメリカよりも多く期待するという「極端に現実離れした認識」が示されたという（松田康博「台湾ファクター」）。しかし、安倍の親台湾政策は中国包囲網を作るためだけではなく、対中関係の改善も図りながら推進されたという点を、台湾社会がまったく認識してこなかったとも考えにくい。

では、台湾社会は安倍のどのような部分に対して強い親しみを感じていたのか。それは、中国の反発が予想されるにもかかわらず、国際社会の注目を浴びる身分である安倍が台湾を「台湾」という一つの主体として、国際関係の構成員として扱うことがあったという点に求められるのではないだろうか。台湾社会から安倍に寄せられた深い敬意は、台湾とともに中国と戦う姿勢を示したからではなく、「交流協会」の名称を「日本台湾交流協会」に変更することで国際社会の目につく場所で「台湾」の存在を認め、パイナップルを愛でる姿をＳＮＳで拡散することで台湾の存在を日本社会に「見せた」からこそ向けられたのではないか。これが筆者の見立てである。なぜなら、それこそが台湾社会が渇望しているにもかかわらず、現下の国際環境では容易に得られないものだからである。

おわりに

アメリカはかつて、一九七九年に中華人民共和国と国交を樹立したのにともない、台湾の中華民国とは断交した。しかし、非公式な関係は維持し、中国への配慮から台湾が主権国家として独立することは支持しない一方、台湾に対し自衛用の武器の売却を続けてきた。二〇二一年一月、アメリカでバイデン政権が成立する。バイデン大統領は就任以来、中国が台湾を攻撃した場合にはアメリカが台湾を防衛する意思があるとの趣旨の発言を繰り返した。それまでのアメリカ政府は、台湾への防衛義務について曖昧な態度をとることで中国に軍事行動を躊躇させる、いわゆる「戦略的曖昧政策」をとってきた。バイデン政権はそれを踏襲するとの意思も表明しているが、大統領の数々の発言は従来よりも踏み込んだものとなっている。

一方、バイデン大統領は就任後ほどなく、アメリカと中国やロシアとの関係を「二一世紀の民主主義の有用性と専制主義との間の闘い」と位置づけた。中国では前年の二〇年六月、「香港国家安全維持法〔中華人民共和国香港特別行政区維護国家安全法〕」が異例の速さで成立・施行され、反体制運動への取り締まりが強化されていた。そのような状況下、台湾の蔡英文政権は、台湾の市民が享受している社会のあり方を守るためには中国大陸との政治的分断を維持することが必要であり、そのためにはアメリカの提示する国際対立構造を受け入れるのが有効である、と腹を括っているのではないかと推察される。ただし、蔡政権は台湾海峡の平和は台湾の利益であると位置づけ、圧力には屈しないが無謀なこともしない方針を明言している。近年の台湾周辺海域では、共産党の人民解放軍の戦闘機や爆撃機の動きが常態化する一方、アメリカ海軍はイージス艦に台湾海峡を通過させ「自由で開かれたインド太平洋」への関与を表明するなどの行動をとっている。

二〇二二年八月二日、アメリカのナンシー・ペロシ（Nancy Pelosi, 一九四〇－）下院議長が台湾を訪問した。ペロシは長らく中国の人権問題を非難してきた政治家であった。中国政府はこの訪台に強く反発し、台湾近海での大規模な軍事演習を展開した。その軍事演習を終えたタイミングの八月一〇日、中国政府は国務院台湾事務辦公室と国務院新聞辦公室の連名で「台湾問題と新時代の中国統一事業」白書を発表した。これは〇〇年に発表した白書から二二年ぶりとなる、中国の台湾問題に関する基本方針をまとめた文書である。

同文書は、「ある時期以来、台湾の民進党当局は『台湾独立〔台独〕』の分裂活動に拍車をかけ、一部の外部勢力が『台湾を以て中国を制する〔以台制華〕』ことに手を尽くし、中国が完全な統一を実現することや中華民族が偉大なる復興に邁進するのを阻止しようとしている」として、民進党政権を名指しで非難した。そのうえで、「私たちが武力行使の放棄を約束せず、必要なすべての手段をとる選択肢を残しておくのは、外部勢力の干渉やごく少数の『台湾独立』分裂分子およびその分裂活動に向けられたものであり、決して台湾同胞に向けたものではない。非平和的手段はやむを得ない状況でとられる最後の手段である」と述べ、中国の目標はあくまで平和的に統一を勝ち取ることであると強調しつつも、武力行使を放棄しない意思を改めて表明している。

本書のここまでの議論を振り返り、筆者がこの文書のなかで最も気になるのは、大陸中国と台湾の統一が実現した後の構想を示した以下の記述である。

統一後、関係国は引き続き台湾との間で経済・文化関係を発展させてよい。中国の中央政府の批准を受ければ、外国は台湾に領事機構やその他の公式・準公式機構を設立してよく、国際組織や機構は台湾に事務所を設立してよく、関連する国際条約は台湾に適用してよく、関連する国際会議は台湾で開催してよい。

（「台湾問題与新時代中国統一事業」）

これは台湾社会への配慮のようである反面、中国の他の地方都市と比べて台湾を特別扱いする予定はないと宣言しているようにも読める。おそらく中国政府の意図としては、台湾は中華人民共和国の一地方として編入された方が、外国との関係を安定的に発展させられるし、現在の不安定な地位にいるよりも、国際組織や国際イベントへの参加がしやすくなるという善意の申し出なのであろう。しかし、近年の台湾社会が台湾黒熊や安倍晋三に示してきた熱意を思い起こすと、中国政府の善意と台湾社会の欲しているものの間には大きなズレがあるように感じられてならない。台湾の行政院大陸委員会は、この白書が発表されるとただちに反論し、蔡英文の持論である「自由民主の憲政体制」「中華民国と中華人民共和国はたがいに隷属しない」「主権の侵害と併呑は受け入れない」「中華民国台湾の前途は全ての台湾人民の意志に従わなければならない」という「四つの堅持」を強調した。

外国の干渉を排し、強大で統一された国家を建設することは清末以来の中国政治の主要な課題であった。そのことに鑑みれば、台湾や香港をめぐる問題に関して中国政府が外国勢力の干渉を非難することには理屈が通っていると筆者は考えている。しかし、本書でここまで見てきたとおり、台湾における一連の政治変動は、決して外国の干渉のみによって引き起こされたのではなく、むしろ内的な要因、とりわけ市民の声の力によるところが大きかったのではないだろうか。

台湾が今日のような政治体制を定着させるにいたる過程では、たしかにアメリカ政府による干渉の影響は大きかった。しかし、その政治体制の転換の原動力となったのは、何にも増して、国家暴力に怯えなくてもよい社会への渇望だったのではないか。そこで克服すべきとされたのは、むしろアメリカ政府や日本政府の支持を得て非人道的な政治を行う、国民党による一党支配体制であった。台湾政治が民主化を遂げ、自由や人権を尊重するようになったのは、アメリカによる洗脳の結果でもなければ、人民共和国の共産党政権に対抗するためでもない。

だからこそ、現在の台湾社会は、政府が強権を行使して秩序や安定を維持することは認めながらも、国家暴力が市民の自由を抑圧するのをいかに防ぐかをきわめて重視する。また、対岸の中国大陸との人的交流や経済活動が健全に営まれることを望むとともに、国際社会の構成員として尊重され、貢献できることを願っている。台湾で定期的に行われるようになった選挙では、緊張感のある競争のなかで候補者と有権者が一体となり、台湾が望ましい状態であるための絶妙なバランスが模索されているように見える。過去の支配者であった国民党は、いまやそのバランスをとるために必要なおもりとしての役を演じない限り、生き残っていけない状態にある。

二〇二三年四月頃、台湾黒熊がくまのプーさんを殴打している絵柄のワッペンが台湾で大流行したと報じられた。台湾の空軍の操縦士が着用していたものが、国防部の公開した写真に写り込んでいたのがきっかけだという。プーさんはインターネット上で習近平を揶揄する際に使われる符丁であるから、ワッペンの流行は台湾の反中感情の盛り上がりを反映したものと言える。

黒熊とプーさんのワッペン　©AFP＝時事

独裁や国家暴力への反対という意味が込められているのであろうから、この台湾黒熊のしたいことは分かる。しかし、台湾黒熊は本来、台湾の市民を代表し、国際社会から愛される存在でありたかったのではないか、と感じるのは筆者だけだろうか。

二四年一月の総統選挙に向けて、与党民進党は共産党政権との対決姿勢を鮮明に打ち出している。そのため、これに挑戦する野党国民党や第三勢力にとっては、共産党政権との関係を安定化させ、台湾の国際社会での存在感を高めると訴えることが一つの有効なアピールポイントになっている。台湾という土地への愛着を象徴する黒熊を、防衛のシンボルとするのか、スポーツの国際大会や観光のマスコットとするのかという問題は、実は台湾の有権者が何と何の間でバランスをとらなくてはならないかを如実に示しているのである。

　これに対し、共産党政権の基本的な立場は、台湾が中華人民共和国の一部となり、一緒にパンダに誇りを持てばよい、台湾黒熊は一地方の人気ご当地マスコットとして末永く愛されればよい、というものであろう。台湾に住む人びとがそれで納得するのであれば、筆者がとやかく言う筋合いはない。ただし、日本に暮らす筆者が外野からそのような「平和的な解決」を望むのであれば、日本政府がこれまでの歴史のなかで併合してきたさまざまな地域で、その土地に住む人びとの主体性や自律性をどれだけ尊重してきたのか、まずは自分の胸に手を当てて考えなくてはならないだろう。

あとがき

文章を書くときは具体的な読者を何人か想像するとよい、と教わったことがある。本書の執筆にあたり想定した読者は、第一に筆者が在籍している東京女子大学の学生たちである。本書は東アジアの国際関係を学ぶ大学生にとって分かりやすく、かつ思考を深める手がかりになるような作品を目指した。大学生に限らず、社会問題に関心を持つ広い読者にもそのように受けとってもらえれば、なお嬉しい。

自著を学生に読んでもらいたいのはいつものことだが、今回に限っては、普段なら考慮に入れない一群の人たちを想定読者に据えた。少しだけ昔話にお付き合いいただきたいのだが、筆者は物心ついた頃から「あいつは右翼だ」とか「あいつは左翼だ」といった類の話を周囲から聞かされることが多かった。いろいろな情報を総合した結果、どうやら「左翼はよい人でなくてはならないが、現実は必ずしもそうでないらしい」というのが筆者の暫定的な結論となった。その後、かつて「左翼」を自任していた人びととの間では、現在の中国の発展の方向性がかつて思い描いた「人民中国」とは大きく異なり、困惑が広がっているらしいことを知った。そして、そのなかには今日の台湾をどう理解すべきか、混乱している人がいることも分かってきた。

本書は、日本語圏にいったい何人いるかも分からない、かつての日本社会の「左翼」的な台湾観を疑問に感じ、台湾のことを学び直したいと思っている人を主要な読者の一人に想定した。そのため、大学生にも読みやすい概説書を目指しておきながら、本書の話題の選び方はいささかバランスを欠いているとの自覚がある。しかし、一つひとつの論点については、信頼できると判断した先行研究に依拠して丁寧な行論を心がけた。とはいえ、全体として筆者の手に余る広範な話題を取り上げたため、最新の歴史学や現状分析の成果を反映できていない部分もあるのではないかと思う。読者諸賢におかれてはどうかご寛恕のうえ、忌憚なきご叱正をたまわりたい。

上記以外にも本書には重要な想定読者が存在する。それは、文芸評論家で立教大学准教授の福嶋亮大さんである。本書はもともと、文春新書が蔣介石関連の本を企画するにあたり、編集者の鳥嶋七実さんから相談を受けた福嶋さんが私の名前を挙げてくれたことから生まれた。本書が福嶋さんのお眼鏡にかなない、かつその名誉を傷つけないことを切に願っている。また、筆者が執筆期間中に学会業務などをあれこれ引き受けてしまったため、鳥嶋さんには数年にわたり原稿をお待ちいただいてしまった。見捨てずに刊行までサポートくださったことに、この場を借りて感謝申し上げたい。
家族にも日々の感謝を添えて。

二〇二三年九月　杉並善福寺のキャンパスにて

家永真幸

主要参考資料

※ウェブサイトからの引用は二〇二三年九月六日最終閲覧。

日本語資料

相田守輝「中国人民解放軍による台湾ADIZ進入①――この2年間を概観する」『NIDSコメンタリー』第二四六号（二〇二二年一一月一七日）。

浅井基文「私における陳映真と1960年代の台湾」『21世紀の日本と国際社会』ウェブサイト、二〇一一年九月二日配信。

家永真幸『国宝の政治史――「中国」の故宮とパンダ』東京大学出版会、二〇一七年。

家永真幸「パンダと台湾黒熊」『UP』第五四一号（二〇一七年一一月）。

家永真幸「馬英九政権の文化政策と両岸関係（2008‐16年）」松田康博、清水麗編著『現代台湾の政治経済と中台関係』晃洋書房、二〇一八年。

家永真幸「台湾からみた人権問題の争点化」川島真、鈴木絢女、小泉悠編著、池内恵監修『ユーラシアの自画像――「米中対立／新冷戦」論の死角』PHP研究所、二〇二三年。

王育徳「兄の死と私」『台湾青年』第二七号（一九六三年二月）。

小笠原欣幸『台湾総統選挙』晃洋書房、二〇一九年。

岡野翔太（葉翔太）「華僑から『台湾人』へ――一九六〇‐七〇年代在日台湾人の歴史的自己省察の試み」林初梅、所澤潤、石井清輝編著『二つの時代を生きた台湾――言語・文化の相克と日本の残照』三元社、二〇二一年。

荻野富士夫『台湾の治安維持法』六花出版、二〇二三年。

何義麟「『日台親和』の虚像と実像――植民地支配の歴史経験は国際協力のモデルか？」『インパクション』第一二〇号（二〇〇〇年七月）。

何義麟「台湾人の歴史意識――『御用紳士』辜顕栄と『抗日英雄』廖添丁」『アジア遊学』第四八号（二〇〇三年二月）。

川上桃子、呉介民編、川上桃子監訳、津村あおい訳『中国ファクターの政治社会学――台湾への影響力の浸透』白水社、二〇二一年。

川島真「日本台湾学会の設立」『アジア経済』第三九巻第一〇号（一九九八年一〇月）。

川島真、小嶋華津子編著『よくわかる現代中国政治』ミネルヴァ書房、二〇二〇年。

川島真、清水麗、松田康博、楊永明『日台関係史１９４５－２０２０増補版』東京大学出版会、二〇二〇年。

川田泰代『良心の囚人』亜紀書房、一九七二年。

菊池一隆『台湾北部タイヤル族から見た近現代史――日本植民地時代から国民党政権時代の「白色テロ」へ』集広舎、二〇一七年。

菊池秀明『越境の中国史――南からみた衝突と融合の三〇〇年』講談社選書メチエ、二〇二二年。

キャナ☆メン「『返校』開発者に聞くインディーゲームの開発と映画化のポイント。制作時には映画に適した表現を監督と模索」『電撃オンライン』ウェブサイト、二〇二一年七月二三日配信。

牛軍著、真水康樹訳『中国外交政策決定研究』千倉書房、二〇二一年。

金原由佳「台湾の闇の時代「白色テロ」を描いた大ヒットホラー映画『返校　言葉が消えた日』」『ＬＥＥ』ウェブサイト、二〇二一年七月二九日配信。

倉田徹『香港政治危機――圧力と抵抗の２０１０年代』東京大学出版会、二〇二一年。

呉叡人著、駒込武訳『台湾、あるいは孤立無援の島の思想――民主主義とナショナリズムのディレンマを越えて』みすず書房、二〇二一年。

呉豪人「国際人権法と台湾の未来――国際人権法を台湾の立法・行政・司法に組みこんでいく政治的意味」『ワセダアジアレビュー』第二一号（二〇一九年三月）。

呉国光著、加茂具樹監訳『権力の劇場――中国共産党大会の制度と運用』中央公論新社、二〇二三年。

呉密察著、帆刈浩之訳「台湾史の成立とその課題」溝口雄三ほか編『アジアから考える〔３〕周縁からの歴史』東京大学出版会、一九九四年。

柯旗化『台湾監獄島』イースト・プレス、一九九二年。

黄偉修『李登輝政権の大陸政策決定過程（１９９６～２０００年）――組織的決定と独断の相克』大学教育出版、二〇一二年。

「国家言語発展法」『文化部』ウェブサイト。

小林よしのり『新ゴーマニズム宣言ＳＰＥＣＩＡＬ 台湾論』小学館文庫、二〇〇八年（原著は二〇〇〇年）。

近藤正己『総力戦と台湾――日本植民地崩壊の研究』刀水書房、一九九六年。

佐々木貴文『東シナ海――漁民たちの国境紛争』角川新書、二〇二一年。

佐橋亮『共存の模索――アメリカと「二つの中国」の冷戦史』勁草書房、二〇一五年。

清水麗『台湾外交の形成――日華断交と中華民国からの転換』名古屋大学出版会、二〇一九年。

清水美里『帝国日本の「開発」と植民地台湾――台湾の嘉南大圳と日月潭発電所』有志舎、二〇一五年。

史明著、田中淳構成『１００歳の台湾人革命家・史明 自伝――理想はいつだって煌めいて、敗北はどこか懐かしい』講談社、二〇一八年。

周婉窈著、濱島敦俊監訳、石川豪・中西美貴・中村平訳『増補版 図説 台湾の歴史』平凡社、二〇一三年。

代田智明「ある『日本人』の死」『中国研究月報』第六五四号（二〇〇二年八月）。

薛化元編、永山英樹訳『詳説 台湾の歴史――台湾高校歴史教科書』雄山閣、二〇二〇年。

全国修学旅行研究協会「２０１９（平成31・令和元）年度全国公私立高等学校海外修学旅行・海外研修（修学旅行外）実施状況調査報告」『修学旅行ドットコム』ウェブサイト、二〇二一年一月。

戴国煇『台湾』岩波新書、一九八八年。

「台湾に関する基礎知識」『日本台湾交流協会』ウェブサイト。

竹内孝之「顕在化する米中覇権争いと中台関係――北東アジアのパワーポリティクス」松本はる香編著『〈米中新冷戦〉と

中国外交——北東アジアのパワーポリティクス』白水社、二〇二〇年。

谷たみ語り、堀江優子編著『わたしの戦後史——95歳、大正生れ、草の根の女のオーラルヒストリー 戦争の「痛み」を知る世代が求め続けたもの』梨の木舎、二〇二〇年。

田上智宜・松田康博編『台湾政党政治黎明期関係者インタビュー集（上）』東京大学東洋文化研究所附属東洋学研究情報センター、二〇一九年。

中央調査社「台湾に対する意識調査報告書 ２０２１年12月」『台北駐日経済文化代表処』ウェブサイト。

中共中央マルクス エンゲルス レーニン スターリン著作編訳局翻訳『鄧小平文選（１９７５－１９８２）日本版』東方書店、一九八三年。

陳映真「裏道——陳映真の創作歴程」陳映真著、間ふさ子、丸川哲史訳『戒厳令下の文学——台湾作家・陳映真文集』せりか書房、二〇一六年。

陳映真「魯迅と私」陳映真著、間ふさ子、丸川哲史訳『戒厳令下の文学——台湾作家・陳映真文集』せりか書房、二〇一六年。

陳儀深著、彦坂はるの訳「二二八事件の原因についての論述——一九四七年の政府と民間における叙述の比較」二二八事件紀念基金会著、陳儀深、薛化元編『二二八事件の真相と移行期正義』風媒社、二〇二一年。

陳五郎「台湾独立運動の志士、陳智雄の死」『台湾青年』第四三二号（一九九六年一〇月）。

陳芳明著、下村作次郎ほか訳『台湾新文学史』下巻、東方書店、二〇一五年（原著は二〇一一年）。

tnhr「たった1本のホラーゲームが、なぜ世界を変えるに至ったのか?『返校 -Detention-』が表現したのは、〝台湾の人々が抱える最大の恐怖〟だった」『電ファミニコゲーマー』ウェブサイト、二〇二一年七月二九日配信。

都留俊太郎「台湾語 王育徳における大衆と『チャンポン語』」駒込武編『生活綴方で編む「戦後史」——〈冷戦〉と〈越境〉の１９５０年代』岩波書店、二〇二〇年。

中川昌郎「中国における台湾人組織——その現在的意義について」石川忠雄教授還暦記念論文集編集委員会編『現代中国

と世界――その政治的展開』一九八二年、慶應通信。

中島光孝『還我祖霊――台湾原住民族と靖国神社』白澤社、二〇〇六年。

中村元哉、森川裕貫、関智英、家永真幸『概説 中華圏の戦後史』東京大学出版会、二〇二二年。

新田龍希「書評・薛化元主編、永山英樹訳『詳説台湾の歴史――台湾高校歴史教科書』」『中国研究月報』第八八〇号（二〇二一年六月）。

「二・二八事件責任帰属研究報告（摘要）」『二二八事件紀念基金会』ウェブサイト。

「日本台湾学会設立趣意書」一九九七年一〇月一六日『日本台湾学会』ウェブサイト。

野林厚志、松岡格編著『台湾原住民の姓名と身分登録』人間文化研究機構国立民族学博物館、二〇一九年。

濱本良一「科学者の目で中国共産党を批判／豪放 方励之さんとの日々」『日本記者クラブ』ウェブサイト、二〇二三年三月配信。

深串徹『戦後台湾における対日関係の公的記憶――1945～1970s』国際書院、二〇一九年。

福岡静哉「新型コロナウイルスの封じ込めで増した台湾の存在感」東大社研現代中国研究拠点編『コロナ以後の東アジア――変動の力学』東京大学出版会、二〇二〇年。

福田円『中国外交と台湾――「一つの中国」原則の起源』慶應義塾大学出版会、二〇一三年。

前田直樹「柳文卿・陳玉璽事件とアムネスティ・インターナショナル日本の設立――日本における台湾独立運動をめぐる一断面」『広島法学』三八巻二号（二〇一四年）。

松田康博「中国の対台湾政策――一九七九～一九八七年」『国際政治』第一一二号（一九九六年五月）。

松田康博「米中接近と台湾――情報統制と政治改革」増田弘編『ニクソン訪中と冷戦構造の変容――米中接近の衝撃と周辺諸国』慶應義塾大学出版会、二〇〇六年。

松田康博「米中台関係の展開と蔡英文再選」佐藤幸人・小笠原欣幸・松田康博・川上桃子著『蔡英文再選――2020年台湾総統選挙と第2期蔡政権の課題』アジア経済研究所、二〇二〇年。

松田康博「台湾ファクター——悪循環の構造化」高原明生ほか編『日中関係　２００１‐２０２２』東京大学出版会、二〇二三年。

松永正義「日本における台湾文学の研究について」『台湾を考えるむずかしさ』研文選書、二〇〇八年。

松永正義「陳映真という作家——『戒厳令下の文学—台湾作家・陳映真文集—』（せりか書房）への書評」『情況』第四期二〇一七年夏号。

松本充豊「総統に求められるものは何か——台湾の政治制度から考える」『交流』第九八四号（二〇二三年三月）。

丸川哲史『台湾ナショナリズム——東アジア近代のアポリア』講談社選書メチエ、二〇一〇年。

丸川哲史「『白色テロ』記憶の耐えられない曖昧さ——『返校 言葉が消えた日』（二〇一九年）から窺えるもの」『ユリイカ』第五三巻第九号（二〇二一年八月）。

南隆「元警察庁幹部が見た『天安門の夜』」『文藝春秋』第九九巻第八号（二〇二一年八月）。

宮岡真央子「原住民／先住民」赤松美和子、若松大祐編『台湾を知るための72章【第2版】』明石書店、二〇二二年。

宮崎繁樹『出入国管理——現代の「鎖国」』三省堂新書、一九七〇年。

宮崎繁樹「中国と国際連合」入江啓四郎、安藤正士編『現代中国の国際関係』日本国際問題研究所、一九七五年。

宗像隆幸『台湾独立運動私記——三十五年の夢』文藝春秋、一九九六年。

森宣雄『台湾／日本——連鎖するコロニアリズム』インパクト出版会、二〇〇一年。

森田健嗣「脱植民地化の代行——台湾の日本認識に焦点をあてて」若林正丈、家永真幸編『台湾研究入門』東京大学出版会、二〇二〇年。

山口信治『毛沢東の強国化戦略１９４９‐１９７６』慶應義塾大学出版会、二〇二一年。

湯浅成大「米中関係の変容と台湾問題の新展開——ニクソン以後の30年」五十嵐武士編『太平洋世界の国際関係』彩流社、二〇〇五年。

李登輝『新・台湾の主張』ＰＨＰ新書、二〇一五年。

劉彦甫「日経の連載はなぜ台湾から抗議と批判を受けたか――台湾を対立イメージで描くのは時代錯誤なやり方」『東洋経済ONLINE』ウェブサイト、二〇二三年三月一一日配信。

劉夏如「慰安婦問題」若林正丈、家永真幸編『台湾研究入門』東京大学出版会、二〇二〇年。

劉彩品「私は『反日』と言ってはばからない」『前夜』第I期八号（二〇〇六年七月）。

劉彩品、木村博口述「中国滞在20年――劉彩品、木村博さんに聞く」『中国研究月報』第五一五号（一九九一年一月）。

劉さんを守る友人の会編『日本人のあなたと中国人のわたし――劉彩品支援運動の記録』ライン出版、一九七一年。

林景明『知られざる台湾――台湾独立運動家の叫び』三省堂新書、一九七〇年。

林景明『台湾処分と日本人』旺史社、一九七三年。

林樹枝著、平岩一雄訳『台湾事件簿――国民党政権下の弾圧秘史』社会評論社、一九九五年。

若林正丈『台湾の政治――中華民国台湾化の戦後史〔増補新装版〕』東京大学出版会、二〇二一年。

若林正丈『台湾――分裂国家と民主化』東京大学出版会、一九九二年。

若林正丈「台湾ナショナリズムと『忘れ得ぬ他者』」『思想』第九五七号（二〇〇四年一月）。

中国語資料　※ピンイン順

北京市台湾事務辦公室ほか編『台湾問題重要文献資料彙編（一九七八．一二－一九九六．一二）』北京：紅旗出版社、一九九七年。

陳明忠「陳映真的核心政治思想」『陳映真――思想與文学　上』台北：台湾社会研究雑誌社、二〇一一年。

陳香蘭「改写教科書 最先称台湾『福爾摩沙』的是西班牙人！」『Newtalk新聞』ウェブサイト、二〇一七年九月五日配信。

陳儀深『認同的代価與力量――戒厳時期台独四大案件探微』台北：中央研究院近代史研究所、二〇一九年。

陳昱齊『中華民国政府対海外台湾独立運動之因応――以美国為中心（１９５６－１９７２）』台北：国史館、二〇一五年。

促進転型正義委員会『林義雄宅血案調査報告』台北：促転会、二〇二〇年。

促進転型正義委員会『任務総結報告』二〇二二年五月一八日。

鄧小平「目前的形成和任務」『鄧小平文選（一九七五－一九八二年）』人民出版社、一九八三年。

「【二〇二三年】五月原住民族人口數統計資料」『原住民族委員会』ウェブサイト、二〇二三年六月一二日配信。

国立政治大学図書館特蔵管理組編『去郷懐国――戦後海外台湾政治運動』台北：国立政治大学図書館、二〇二一年。

国立政治大学選挙研究中心「台湾民衆台湾人／中国人認同趨勢分布（一九九二年〇六月～二〇二三年〇六月）」『政治大学選挙研究中心』ウェブサイト。

国立政治大学選挙研究中心「台湾民衆統独立場趨勢分布（１９９４年12月－２０２３年06月）」『政治大学選挙研究中心』ウェブサイト。

「国情簡介」『行政院』ウェブサイト、二〇二三年三月二八日配信。

侯坤宏「戦後台湾白色恐怖論析」『国史館学術集刊』第一二期（二〇〇七年六月）。

季季『行走的樹――追懐我與「民主台湾聯盟」案的時代』新北：ＩＮＫ印刻文学生活雑誌出版、二〇一五年。

李娜編『無悔――陳明忠回憶録』人間出版社、二〇一四年。

李筱峰「胡適、彭明敏與我」『踏過我心坎的人』玉山社、二〇一四年。

李勇「陳映真入獄事件考論」『中国現代文学研究叢刊』二〇一九年第七期。

廖為民『我的党外青春――党外雑誌的故事』台北：允晨文化実業、二〇一五年。

林孝庭『蔣経国的台湾時代――中華民国與冷戦下的台湾』新北：遠足文化、二〇二一年。

劉暁波『統一就是奴役――劉暁波論台湾香港及西蔵、劉暁波文集　第二巻』台北：主流出版、二〇一六年。

魯編「《返校》禁書有Ｂｕｇ?・翻訳偵探頼慈芸教授掲密『同学其実不用抄書啊……』」『美麗佳人』ウェブサイト、二〇一九年九月一三日配信。

史明『簡明台湾人四百年史』台北：前衛出版社、二〇一七年。

蘇瑤崇「外交謀殺——論『台独烈士』陳智雄案」『国史館館刊』第七五期（二〇二三年三月）。

「台湾問題与新時代中国統一事業」二〇二二年八月『中華人民共和国中央人民政府』ウェブサイト。

「台湾転型正義資料庫中之政治案件統計図表」『国家人権博物館』ウェブサイト、二〇二一年三月二二日配信。

汪浩『借殻上市——蔣介石與中華民国台湾的形塑』新北：八旗文化、二〇二〇年。

習近平「在《告台湾同胞書》発表四〇周年紀念会上的講話（二〇一九年一月二日）」『中国共産党新聞網』ウェブサイト。

張孝慧「従陳映真的文学創作與政治作為透視其神学思想」『文化研究』第一八期（二〇一四年春季）。

英語資料

Bush, Richard C., *At Cross Purposes: U.S.-Taiwan Relations Since 1942*, New York: M.E. Sharpe, 2004.

動画資料

「『おうちで楽しもう台湾の博物館』第四回 中正紀念堂」『台北駐日経済文化代表処台湾文化センター』YouTube、二〇二〇年一〇月一六日配信。

「陳中統口述歴史」『国家人権博物館』YouTube、二〇一五年一月一五日配信。

「【完整公開】LIVE 因応武漢肺炎疫情 総統蔡英文敞庁談話」『台視新聞 TTV NEWS』YouTube、二〇二〇年四月一日配信。

Summit Participant Statement of Taiwan for 2021 'Summit for Democracy,' *U.S. Department of State*, *YouTube*, Dec 11, 2021.

文春新書

◆日本の歴史

- 渋沢家三代　佐野眞一
- 古墳とヤマト政権　白石太一郎
- 謎の大王 継体天皇　水谷千秋
- 謎の豪族 蘇我氏　水谷千秋
- 謎の渡来人 秦氏　水谷千秋
- 継体天皇と朝鮮半島の謎　水谷千秋
- 女たちの壬申の乱　水谷千秋
- 昭和史の論点　坂本多加雄・秦郁彦・半藤一利・保阪正康
- あの戦争になぜ負けたのか　半藤一利・保阪正康・中西輝政・戸髙一成・福田和也・加藤陽子
- 日本のいちばん長い夏　半藤一利編
- 昭和陸海軍の失敗　半藤一利・秦郁彦・平間洋一・保阪正康・黒野耐・戸髙一成・戸部良一・福田和也
- 昭和の名将と愚将　半藤一利・保阪正康
- 日本型リーダーはなぜ失敗するのか　半藤一利
- 「昭和天皇実録」の謎を解く　半藤一利・保阪正康・御厨貴・磯田道史
- 大人のための昭和史入門　半藤一利・船橋洋一・出口治明・水野和夫・佐藤優・保阪正康他
- 21世紀の戦争論　半藤一利・佐藤優
- なぜ必敗の戦争を始めたのか　半藤一利
- 歴史探偵 忘れ残りの記　半藤一利
- 歴史探偵 昭和の教え　半藤一利
- 歴史探偵 開戦から終戦まで　半藤一利
- 昭和史の人間学　半藤一利
- 十七歳の硫黄島　秋草鶴次
- 山県有朋　伊藤之雄
- 指揮官の決断　早坂隆
- 永田鉄山 昭和陸軍「運命の男」　早坂隆
- ペリリュー玉砕　早坂隆
- 日本人の誇り　藤原正彦
- 天皇陵の謎　矢澤高太郎
- 児玉誉士夫 巨魁の昭和史　有馬哲夫
- 遊動論 柳田国男と山人　柄谷行人
- 火山で読み解く古事記の謎　蒲池明弘
- 邪馬台国は「朱の王国」だった　蒲池明弘
- 「馬」が動かした日本史　蒲池明弘
- 文部省の研究　辻田真佐憲
- 古関裕而の昭和史　辻田真佐憲
- 大日本史　山内昌之・佐藤優
- 日本史のツボ　本郷和人
- 承久の乱　本郷和人
- 権力の日本史　本郷和人
- 北条氏の時代　本郷和人
- 日本史を疑え　本郷和人
- 黒幕の日本史　本郷和人
- 明治天皇はシャンパンがお好き　浅見雅男
- 江戸のいちばん長い日　安藤優一郎
- 江戸の不動産　安藤優一郎
- 姫君たちの明治維新　岩尾光代
- 日本史の新常識　文藝春秋編
- 秋篠宮家と小室家　文藝春秋編
- 美しい日本人　文藝春秋編
- 日本プラモデル六〇年史　小林昇
- 仏教抹殺　鵜飼秀徳
- お寺の日本地図　鵜飼秀徳

仏教の大東亜戦争　鵜飼秀徳
昭和天皇 最後の侍従日記　小林 忍＋共同通信取材班
令和を生きるための昭和史入門　保阪正康
内閣調査室秘録　志垣民郎 岸 俊光編
木戸幸一　川田 稔
「京都」の誕生　桃崎有一郎
皇国史観　片山杜秀
11人の考える日本人　片山杜秀
昭和史がわかるブックガイド　文春新書編
遊王 徳川家斉　岡崎守恭
大名左遷　岡崎守恭
東條英機　一ノ瀬俊也
信長 空白の百三十日　木下昌輝
感染症の日本史　磯田道史
徳川家康 弱者の戦略　磯田道史
平安朝の事件簿　繁田信一
小林秀雄の政治学　中野剛志
婆娑羅大名 佐々木道誉　寺田英視

経理から見た日本陸軍　本間正人
戦前昭和の猟奇事件　小池 新
インパールの戦い　笠井亮平
東京の謎《ミステリー》　門井慶喜
歴史・時代小説教室　安部龍太郎 門井慶喜 畠中 恵
お茶と権力　田中仙堂
明治日本はアメリカから何を学んだのか　小川原正道
歴史人口学で見た日本〈増補版〉　速水 融
小さな家の思想　長尾重武
日中百年戦争　城山英巳
極秘資料は語る 皇室財産　奥野修司
装飾古墳の謎　河野一隆

文春新書

◆文学・ことば

翻訳夜話 村上春樹 柴田元幸
翻訳夜話2 サリンジャー戦記 村上春樹 柴田元幸
漢字と日本人 高島俊男
語源でわかった! 英単語記憶術 山並陞一
外交官の「うな重方式」英語勉強法 多賀敏行
名文どろぼう 竹内政明
「編集手帳」の文章術 竹内政明
弔辞 劇的な人生を送る言葉 文藝春秋編
ビブリオバトル 谷口忠大
新・百人一首 岡井隆・馬場あき子 永田和宏・穂村弘選
劇団四季メソッド「美しい日本語の話し方」 浅利慶太
芥川賞の謎を解く 鵜飼哲夫
ビジネスエリートの新論語 司馬遼太郎
世界はジョークで出来ている 早坂 隆
一切なりゆき 樹木希林
天才の思考 鈴木敏夫
いま、幸せかい? 滝口悠生選
英語で味わう万葉集 ピーター・J・マクミラン
歎異抄 救いのことば 釈 徹宗
最後の人声天語 坪内祐三
三国志入門 宮城谷昌光
教養脳 福田和也
明日あるまじく候 細川護熙
伊賀の人・松尾芭蕉 北村純一
ちょっと方向を変えてみる 辻 仁成
歴史・時代小説教室 安部龍太郎 門井慶喜 畠中 恵
柄谷行人『力と交換様式』を読む 柄谷行人ほか

◆ネットと情報

「社会調査」のウソ 谷岡一郎
インターネット・ゲーム依存症 岡田尊司
闇《ダーク》ウェブ セキュリティ集団スプラウト
フェイクウェブ 高野聖玄 セキュリティ集団スプラウト
スマホ廃人 石川結貴
スマホ危機 親子の克服術 石川結貴
超空気支配社会 辻田真佐憲
ソーシャルジャスティス 内田 舞

◆経済と企業

リープフロッグ　野口悠紀雄
臆病者のための株入門　橘　玲
臆病者のための億万長者入門　橘　玲
熱湯経営　樋口武男
先の先を読め　樋口武男
ビジネスパーソンのための契約の教科書　福井健策
ブラック企業　今野晴貴
ブラック企業2　今野晴貴
売る力　鈴木敏文
日本型モノづくりの敗北　湯之上隆
半導体有事　湯之上隆
詐欺の帝王　溝口　敦
さらば！ サラリーマン　溝口　敦
トヨタ生産方式の逆襲　鈴村尚久
グローバリズムが世界を滅ぼす　エマニュエル・トッド　ハジュン・チャン　柴山桂太・中野剛志・藤井聡・堀茂樹
税金を払わない巨大企業　富岡幸雄

消費税が国を滅ぼす　富岡幸雄
安売り王一代　安田隆夫
働く女子の運命　濱口桂一郎
人工知能と経済の未来　井上智洋
メタバースと経済の未来　井上智洋
「公益」資本主義　原　丈人
お祈りメール来た、日本死ね　海老原嗣生
自動車会社が消える日　井上久男
日産vs.ゴーン　井上久男
新貿易立国論　大泉啓一郎
世界史を変えた詐欺師たち　東谷　暁
日銀バブルが日本を蝕む　藤田知也
AIが変えるお金の未来　坂井隆之・宮川裕章＋毎日新聞フィンテック取材班
なぜ日本の会社は生産性が低いのか？　熊野英生
会社員が消える　大内伸哉
キャッシュレス国家　西村友作
農業新時代　川内イオ
農業フロンティア　川内イオ

総会屋とバブル　尾島正洋
最強の相続　荻原博子
吉本興業の約束　大﨑　洋　坪田信貴
日本企業の復活力　伊丹敬之
グリーン・ジャイアント　森川　潤
国税OBだけが知っている失敗しない相続　坂田拓也
AI新世 人工知能と人類の行方　小林亮太　篠本滋　甘利俊一監修
スパコン富岳の挑戦　松岡　聡
男性中心企業の終焉　浜田敬子
ルポ 食が壊れる　堤　未果
負動産地獄　牧野知弘
地銀と中小企業の運命　橋本卓典
逆境経営　樽谷哲也

◆世界の国と歴史

完全版 ローマ人への質問　塩野七生
歴史とはなにか　岡田英弘
常識の世界地図　21世紀研究会編
食の世界地図　21世紀研究会編
新・民族の世界地図　21世紀研究会編
カラー新版 地名の世界地図　21世紀研究会編
カラー新版 人名の世界地図　21世紀研究会編
フランス7つの謎　小田中直樹
一杯の紅茶の世界史　磯淵 猛
新約聖書Ⅰ　新共同訳 佐藤 優解説
新約聖書Ⅱ　新共同訳 佐藤 優解説
佐藤優の集中講義 民族問題　佐藤 優
池上彰の宗教がわかれば世界が見える　池上 彰
新・戦争論　池上 彰 佐藤 優
大世界史　池上 彰 佐藤 優
新・リーダー論　池上 彰 佐藤 優

独裁者プーチン　名越健郎
韓国併合への道 完全版　呉 善花
侮日論　呉 善花
韓国「反日民族主義」の奈落　呉 善花
イスラーム国の衝撃　池内 恵
世界を破滅させる「ドイツ帝国」が　エマニュエル・トッド 堀 茂樹訳
グローバリズムが世界を滅ぼす　エマニュエル・トッド ハジュン・チャン 柴山桂太・中野剛志・藤井聡・堀茂樹
シャルリとは誰か？　エマニュエル・トッド 堀 茂樹訳
問題は英国ではない、EUなのだ　エマニュエル・トッド 堀 茂樹訳
老人支配国家 日本の危機　エマニュエル・トッド
第三次世界大戦はもう始まっている　エマニュエル・トッド 大野 舞訳
トッド人類史入門 西洋の没落　エマニュエル・トッド 片山杜秀・佐藤 優
中国4・0　エドワード・ルトワック 奥山真司訳
戦争にチャンスを与えよ　エドワード・ルトワック 奥山真司訳
日本4・0　エドワード・ルトワック 奥山真司訳
ラストエンペラー習近平　エドワード・ルトワック 奥山真司訳
地経学とは何か　船橋洋一
大学入試問題で読み解く「超」世界史・日本史　片山杜秀

ベートーヴェンを聴けば世界史がわかる　片山杜秀
戦争を始めるのは誰か　渡辺惣樹
第二次世界大戦 アメリカの敗北　渡辺惣樹
韓国を支配する「空気」の研究　牧野愛博
金正恩と金与正　牧野愛博
知立国家 イスラエル　米山伸郎
「中国」という神話　楊 海英
独裁の中国現代史　楊 海英
ジェノサイド国家中国の真実　于田ケリム 楊 海英
人に話したくなる世界史　玉木俊明
16世紀「世界史」のはじまり　玉木俊明
トランプ ロシアゲートの虚実　小川 聡 東 秀敏
世界史の新常識　文藝春秋編
ヘンリー王子とメーガン妃　亀甲博行
コロナ後の世界　ジャレド・ダイアモンド ポール・クルーグマン リンダ・グラットン マックス・テグマーク スティーブン・ピンカー スコット・ギャロウェイ 大野和基編
コロナ後の未来　ユヴァル・ノア・ハラリ カタリン・カリコ ポール・ナース リンダ・グラットン リチャード・フロリダ スコット・ギャロウェイ イアン・ブレマー 大野和基編
パンデミックの文明論　ヤマザキマリ 中野信子
盗まれたエジプト文明　篠田航一

文春新書

◆アジアの国と歴史

韓国併合への道 完全版　呉 善花
侮日論　呉 善花
韓国「反日民族主義」の奈落　呉 善花
韓国を支配する「空気」の研究　牧野愛博
金正恩と金与正　牧野愛博
「中国」という神話　楊 海英
独裁の中国現代史　楊 海英
ジェノサイド国家中国の真実　于田ケリム　楊 海英
劉備と諸葛亮　柿沼陽平
王室と不敬罪　岩佐淳士
キャッシュレス国家　西村友作
性と欲望の中国　安田峰俊
日本の海が盗まれる　山田吉彦
インドが変える世界地図　広瀬公巳
反日種族主義と日本人　久保田るり子
三国志入門　宮城谷昌光
ラストエンペラー習近平　エドワード・ルトワック　奥山真司訳
韓国エンタメはなぜ世界で成功したのか　菅野朋子
日中百年戦争　城山英巳
第三の大国 インドの思考　笠井亮平

◆さまざまな人生

生きる悪知恵　西原理恵子
男性論 ECCE HOMO　ヤマザキマリ
それでもこの世は悪くなかった　佐藤愛子
僕たちが何者でもなかった頃の話をしよう　山中伸弥・羽生善治・是枝裕和・山極壽一・永田和宏
続・僕たちが何者でもなかった頃の話をしよう　池田理代子・平田オリザ・彬子女王・大隅良典・永田和宏
安楽死で死なせて下さい　橋田壽賀子
一切なりゆき　樹木希林
天邪鬼のすすめ　下重暁子
さらば！ サラリーマン　溝口 敦
私の大往生　週刊文春編
昭和とわたし　澤地久枝
それでも、逃げない　三浦瑠麗　乙武洋匡
知の旅は終わらない　立花 隆
死ねない時代の哲学　村上陽一郎
イライラしたら豆を買いなさい　林家木久扇
老いと学びの極意　武田鉄矢

在宅ひとり死のススメ　上野千鶴子
最後の人声天語　坪内祐三
なんで家族を続けるの？　内田也哉子　中野信子
百歳以前　徳岡孝夫　土井荘平
迷わない。完全版　櫻井よしこ
東大女子という生き方　秋山千佳
毒親介護　石川結貴
トカイナカに生きる　神山典士
美しい日本人　文藝春秋編
70歳からの人生相談　毒蝮三太夫
ペットロス　伊藤秀倫

◆食の愉しみ

発酵食品礼讃　小泉武夫
毒草を食べてみた　植松　黎
中国茶図鑑　工藤佳治・兪　向紅　丸山洋平・写真
チーズ図鑑　文藝春秋編
食の世界地図　21世紀研究会編
一杯の紅茶の世界史　磯淵　猛
辰巳芳子　スープの手ほどき　和の部　辰巳芳子
辰巳芳子　スープの手ほどき　洋の部　辰巳芳子
新版　娘につたえる私の味　一月〜五月　辰巳浜子　辰巳芳子
新版　娘につたえる私の味　六月〜十二月　辰巳浜子　辰巳芳子
小林カツ代のお料理入門　小林カツ代
一生食べたい　カツ代流レシピ　小林カツ代　本田明子
歴史の中のワイン　山本　博
農業新時代　川内イオ
農業フロンティア　川内イオ
世界珍食紀行　山田七絵編

ルポ　食が壊れる　堤　未果
80代現役医師夫婦の賢食術　家森幸男

◆芸能・アートの世界

モーツァルト 天才の秘密　中野 雄
ストラディヴァリとグァルネリ　中野 雄
ベートーヴェン　中野 雄
新版 クラシックCDの名盤　宇野功芳・中野 雄・福島章恭
日本刀　小笠原信夫
岩佐又兵衛　辻 惟雄
天才 勝新太郎　春日太一
日本の戦争映画　春日太一
宮大工と歩く奈良の古寺　小川三夫 塩野米松・聞き書き
春画入門　車 浮代
巨大アートビジネスの裏側　石坂泰章
北斎漫画入門　浦上 満
週刊文春「シネマチャート」全記録　週刊文春編
少女漫画家「家」の履歴書　週刊文春編
スポーツ映画トップ100　芝山幹郎
スターは楽し　芝山幹郎
日本プラモデル六〇年史　小林 昇
天才の思考　鈴木敏夫
欲望の名画　中野京子
玉三郎 勘三郎 海老蔵　中川右介
いま、幸せかい？　滝口悠生選
英語で味わう万葉集　ピーター・J・マクミラン
古関裕而の昭和史　辻田真佐憲
筒美京平 大ヒットメーカーの秘密　近田春夫
グループサウンズ　近田春夫
韓国エンタメはなぜ世界で成功したのか　菅野朋子
ドリフターズとその時代　笹山敬輔
水木しげるロード全妖怪図鑑　境港観光協会
名優が語る 演技と人生　関 容子

◆スポーツの世界

最強のスポーツビジネス　池田 純 スポーツ・グラフィック ナンバー編
箱根駅伝 強豪校の勝ち方　碓井哲雄
オリンピック・マネー　後藤逸郎
競輪という世界　轡田隆史・堤 哲・藤原勇彦・小堀隆司
沢村栄治　太田俊明
アントニオ猪木 闘魂の遺伝子　門馬忠雄

家永真幸（いえなが　まさき）

1981年東京都生まれ。東京女子大学教授。東京大学大学院総合文化研究科地域文化研究専攻博士課程修了、博士（学術）。専門は中国政治外交史、現代台湾政治。主著に『国宝の政治史 ――「中国」の故宮とパンダ』（東京大学出版会、発展途上国研究奨励賞、樫山純三賞学術書賞受賞）、『台湾研究入門』（若林正丈との共編著、東京大学出版会）、『中国パンダ外交史』（講談社選書メチエ）、『概説 中華圏の戦後史』（中村元哉・森川裕貫・関智英との共著、東京大学出版会）など。

文春新書

1434

台湾《たいわん》のアイデンティティ
「中国《ちゆうごく》」との相克《そうこく》の戦後史《せんごし》

2023年11月20日　第1刷発行

著　　者　　家　永　真　幸
発 行 者　　大　松　芳　男
発 行 所　株式会社　文　藝　春　秋

〒102-8008　東京都千代田区紀尾井町3-23
電話（03）3265-1211（代表）

印 刷 所　　大 日 本 印 刷
付物印刷　　大 日 本 印 刷
製 本 所　　大　口　製　本

定価はカバーに表示してあります。
万一、落丁・乱丁の場合は小社製作部宛お送り下さい。
送料小社負担でお取替え致します。

ISBN978-4-16-661434-9